行かないと損をする！

株主総会を楽しみ、日本株ブームに乗る方法

渡部清二＋複眼経済塾 著

ビジネス社

はじめに

複眼経済塾塾長の渡部清二です。

今回、『株主総会を楽しみ、日本株ブームに乗る方法』を上梓させてもらうことになりました。

株主総会は、私が２０１６年に設立した複眼経済塾がとても大事にしているものです。

私は、納得いく株式投資のために、会社四季報と日経新聞で基礎的な情報を学び、指標ノートを書き、そして株主総会に行ってみることが重要と、全国の塾生に繰り返し伝えています。

25年かけて１００冊を読破した会社四季報と日経新聞については、これまでかなり語ってきましたが、株主総会については初めてです。結論から申し上げますと、こんなに楽しいものはありません。その重要性と面白さについて、初めて本格的にまとめたのが本書です。

四季報、日経新聞、そして株主総会。3つとも重要で、どれから始めても構いませんが、活字や数字とにらめっこするのが苦手という方には、株主総会参加から始めてみるのがいいかもしれません。

すべての役員と多くの社員が運営し、社長が議長を務めることが多い株式会社の最高意思決定機関である株主総会に出席すれば、法人格という人格をもつ会社の人となりが肌感覚で見えてくるからです。

皆さんは、友達やビジネスパートナーを作るとき、その方の身長、体重、血圧から調べようとするでしょうか。絶対にしないはずです。対面、オンライン、メール、電話などでやりとりすることで、その方と自分との相性を見極めていくはずです。企業の採用もそうです。書類審査、数度の面接を経て、最後に健康診断をします。

それが株式投資になるとどうでしょう。PER（株価収益率）、PBR（株価純資産倍率）、ROE（株主資本利益率）といった英語が跋扈し、こうした身体検査？によるスクリーニングを通過した企業の株を「割安だ」などといって、買うことが少なくありません。私は、いろいろな投資方法があっていいと思いますが、これだけでは若干さもしいのではないかと思います。さらには、これが日本に投資が広まらない理由の一因ではないかという気さえするのです。株式投資が投資先を応援するという利他の心を含んだものでなく、「得した、損した」と、単なる金融商品への利己的な投資になってしまっているからです。

株主総会に行ってみてください。そこには、その企業の真実があります。さまざまな種類の質問にしなやかに答える社長の姿に感動することもあれば、不器用ながらも、一生懸命、自分の言葉で話そうとする社長の姿勢に心打たれることもあります。一方で、質問の回答を担当役員にまかせっぱなしの社長、あげくの果てには、事前に知らせることなく総会を欠席する社長までいます。社長は全力で取り組もうとしていても、取り巻きの社員が株主の声を遮断し、社長が裸の王様になってしまっている会社もあります。

企業側の取材をしていくと本音を語ってくれる会社もありました。質問を当てたくない株主が入場すると、すぐに議長に連絡が入り質疑で極力当てないようにする企業がありました。またある企業は外国人を役員にして議事を通訳して伝えることで時間を稼ぎ、質問時間を短くしようとしているところもありました。

ここまで気づけるかどうかはともかく、総会に参加すると、議事の進行や質疑応答やいろいろな有形無形の情報がつぶさに伝わってくるのです。この方法であれば、株式投資先が付き合うに値する企業かどうか、日常生活や仕事の時と同様の感覚で相手（企業）を判断できる気がしませんか？

　この本の執筆までに、私や複眼経済塾のスタッフ、そして、全国で１２００名を超えた複眼経済塾の塾生は延べで上場企業の約８％にあたる３００社の総会に参加しました。そこで得られたさまざまな情報から、私は、こう確信するようになったのです。

　幸いにも、間違いなく、株主総会を重要と考える日本企業は増えています。ファーストリテイリング〈ユニクロ〉（９９８３）、オリエンタルランド〈東京ディズニーランド〉（４６６１）、任天堂（７９７４）、ファナック（６９５４）、東京エレクトロン（８０３５）、信越化学工業（４０６３）、村田製作所（６９８１）と、日本を代表する企業が、次々に株式を分割し、株主総会に参加するための投資単位を引き下げました。

　象徴的なのはＮＴＴ（９４３２）です。株式を25分割することを発表しました。２０２３年５月時点で、ＮＴＴの株価は１株４０００円程度なので、１単元の１００株を買うには40万円ほど必要ですが、25分割後の株価は１６０円程度になり株主総会に参加するための投資単位は１万６０００円程度になるのです。

　島田明社長は、分割の理由について、「小学生の間で金融リテラシーが高まっているが、その主な投資対象は米国企業だとして、分割により投資に必要な最低額を米アマゾン（Ａ

MZN）や、グーグル（GOOG）の親会社・米アルファベット並みにしたい」と言っています。こんなにありがたい話はなく、株主総会参加のハードルは、どんどん下がっているのです。この機会を利用しない手はありません。

複眼経済塾の塾生たちは、企業の本当の姿をつかもうと、次々に株主総会デビューし、質問に挑戦し、塾生同士で情報を共有しています。そして、「参加して良かった」と、皆、異口同音に話します。

最近、ニュースでよく目にする「物言う株主」というのは、決して他人事ではなく、自らも参加して、「物言う」意思表示ができるのです。現在、日本企業の株式の半分以上は、外国人が保有しています。私たちが株を買い、株主総会に参加することで、日本人の株式購入も増えれば、日本全体に、新しいお金の流れがうまれて、多くの人を喜ばせることができるのではないか。そんな気持ちで、日本政府も２０２４年からのＮＩＳＡ（少額投資非課税制度）枠拡大を決めたはずです。

大げさに言うと私はそんなことまで妄想していますが、まずは実践あるのみです！　皆さんも株主総会というライブに出て、五感を使って株主総会を10倍楽しんでみませんか。そんな方々が増えていけば、いつの日か、バフェットさんの米国での株主総会のように、世界から株主が集う日本企業が生まれてくるはずです。そんな日を夢見ています。

最後に、本書執筆に全面的に協力してくださった今井順子さんや弊塾取締役・小笹俊一に感謝するとともに、何より本書を企画してくださったビジネス社の中澤直樹さんのご尽力と熱意に対しまして、この場を借りて厚く御礼申し上げます。

株主総会を楽しみ、日本株ブームに乗る方法　目次

第2章　株主総会はドラマチック

第3章 株主総会を10倍楽しむための株の買い方

第4章 株主総会を10倍面白くする質問術

第5章 個人株主が増えれば、日本の株式市場はもっとよくなる

第6章 「消費者＝株主」になれば株式投資はもっと楽しくなる

第1章

株主総会に出れば投資は10倍楽しくなる

§株主総会は、その会社の〝面接試験〟

いま日本人の中で、資産の1つとして、株を保有している人は少なくないでしょう。値上がりを期待して買う人もいれば、定期的に受け取る配当や株主優待などを楽しみにしている人も多いと思います。

その一方、「株主総会を楽しみにしている」という人は、極めて稀です。株を持っていれば年に1度、招集案内の通知が送られてきます。ところが多くの人は株主総会に無関心で、出席したことのない人が大半です。株主総会の招集案内状が来ても中を見ず、そのまま捨ててしまう人もいるでしょう。

株主総会は、株主で構成される株式会社の最高意思決定機関です。株主として直接、経営者らの経営方針に触れられるだけではなく、会社の重要な経営判断に自分の意思を反映できる機会でもあります。株主総会への参加は、株主に与えられる権利であり、外からはわかりにくい会社の実態を目の当たりにできる絶好のチャンスです。この権利を行使しないのは、株主として何とももったいない話です。

本書は、株主総会に出ることで、株式投資がいまよりずっと楽しくなることをお伝えする本です。投資に値する会社、応援したくなる会社も見つけやすくなります。成長する会社を見極め、テンバガー（株価が10倍になる銘柄）も探しやすくなります。

さらに言えば、株主総会自体がドラマチックで、参加して楽しい場所です。いま勢いのある業界や、ある業界で注目を集めている事柄などを知る機会にもなります。投資を楽しむだけでなく、本業に役立つ情報収集の場としても活用できます。ただ単に株の値動きに一喜一憂しているよりも、10倍株式投資を楽しめるようになります。

私の運営する複眼経済塾では、株式投資をするうえで知っておきたい基礎情報や実践情報などをお伝えしています。投資する銘柄を見つけるにあたり、推奨しているのが「三種の神器」の活用です。すなわち『会社四季報』と『日本経済新聞』、さらに国内外の株価や金利、為替などマーケットの動きを記した「指標ノート」の3つです。

ただしこれらは銘柄探しの「ステップ1」に過ぎません。ここからわかるのは、あくまで定量的なデータで、人事採用でいえば書類選考のようなものです。

人事採用における書類選考は、どの人を選ぶか、大まかな目処をつけるための作業です。より正確な能力や人となり、言いかえれば人格は、その人に会ってみないとわかりません。つまり面接です。人事採用では当たり前の話で、書類はあくまで参考に過ぎず、会ってみて初めて「この人を採用しよう」となるわけです。

銘柄選びも、これに近いものがあり、企業には法人格という人格があります。数字だけいくら見たところで、その会社がどんな会社か、本当のところまではわかりません。その会社の風土、現状、将来性まで含めて、どんな会社なのかを知るうえで、一番参考になるのが株主総会なのです。

§ 株主総会と決算説明会では「格」が違う

株主総会が株主にとって大事なのは、株主総会こそが、その会社の意思決定における最高機関であり、会社の本音を窺える場だからです。

会社が株主や投資家に対して行うものには、決算説明会やＩＲ（投資家向け広報）による説明会などもあります。個人投資家の中には、決算説明会やＩＲ説明会には熱心に参加する人が大勢います。とはいえ株主総会とこれらでは、判断基準としての「格」がまったく違います。

決算説明会などは、あくまで会社をアピールする場です。参加してわかるのは、広報担当者による表面的な事柄に過ぎません。一方、株主総会でわかるのは、マネジメントすべてに関する情報です。社長はもちろん、社外取締役も含めた役員全員が揃う場でもあります。

すべての役員が一堂に揃う場は株主総会しかなく、株主と全経営陣が対面で接する唯一の機会です。だからこそ最高意思決定機関となるのです。

社長をはじめ全役員が揃う場だけに、会社の実態も如実に現れます。人事採用でその人に会えば人柄がわかるように、株主総会に出ればその会社がわかります。投資に値する会社かどうかも判断できます。

つまり投資に値する会社を見つけるには、まず「三種の神器で銘柄を見つける」、次に「株式を買う」、そして「株主総会に出る」という3ステップを踏むことが大事なのです。具体的には、まず気になる銘柄を試しに買ってみて、株主総会に出る。そのうえで「この会社は買いだ」と思えば買い足してもいいし、「この会社はダメだ」と思えば売ればいいのです。

§株主総会の進行に表れる会社の体質

株主総会に出れば、社長や役員らの一挙手一投足から、どのような会社かがわかります。議事進行や社長の言動に問題がある会社は、まず経営もうまくいっていません。私が出席した中で、その典型ともいえるのが、株主総会が1分遅れてスタートした会社です。「たかが1分、されど1分」です。会社の最高意思決定機関である株主総会で、たとえわずかでも遅れるケースなど、ほかに見たことがありません。

そこで質問の時間に、私は議長である社長に質問してみました。「スタート時間が1分遅れましたよね」。すると社長は、「えっ、なんでそんな細かいことを言うの?」といった、キョトンとした顔をしたのです。

役員もみな同じ反応で、これでこの会社がルーズな体質であることがわかります。「1分遅れるぐらい当たり前」というカルチャーの会社なのです。これで会社の成長に期待できるでしょうか。

さらにひどい会社もありました。名古屋に本社があるＩＴ企業で、私は株主総会に出るため、わざわざ名古屋にまで行ったのに、議長である社長がいないのです。

最高意思決定機関である株主総会で、しかも招集通知には招集人として社長の名前が書いてあります。その本人がいないのですから、これほど株主をバカにした話はありません。そんな会社の経営がよいはずはなく、すぐに売却を決めました。

じつのところこの会社は、会社四季報で見ると業績がすごく伸びていました。「まだまだいける」という印象があり、そのあたりを確認するための、株主総会への参加でもありました。

私には法則があり、2カ所から悪い噂を聞いた、もしくはいい噂を聞いたとき、その噂は正しいというものです。その会社の場合、会社四季報の印象はよかったのですが、ある人から「あそこのオーナーは悪評が高いよ」と聞いていました。上場してお金が入ってきたことでハワイや沖縄あたりで遊び回るようになり、まったく経営に興味を持っていないというのです。

いざ株主総会に出てみたら、実際に社長はいなかったわけです。後にも先にも、こんなことは初めてです。

この会社は、ナンバー2以下の対応もひどいものでした。社長の欠席は開始時点でわかっていることです。まずは株主に事情を説明し、「社長は急遽、欠席となりました。申し訳ありません」などと言ってスタートさせるなら、まだ誠意を感じます。ところが何の説明もないのです。

株主による質疑応答の時間に、私が「なぜ社長は今日いないのですか？」と聞いて初めて、「社長は今日、急用で……」と、しどろもどろに答えたのです。

最高意思決定機関である株主総会への出席以上の用事とは何なのか。まさに一事が万事で、実際その会社の株はその後、大暴落しました。

§〝タダ銘柄〟の会社の株主総会に参加してみたら……

いろいろな株主総会に参加していると、ときに違和感を抱く会社に出会うこともあります。山口県の化学メーカーや、岡山県のコンサルタント会社の株主総会に出席したときもそうでした。

いずれもその地域では優良企業で知られ、業績も悪くありません。ただ参加してわかったのは、社員株主で固めてしまい、外部の株主が入れない雰囲気を作っている、いわゆる

〝シャンシャン総会〟で終わらせる会社だったのです。

会場に入った瞬間、まず違和感がありました。最前列の席にスーツを着た社員らがズラッと並んで座っています。こちらはできるだけ近くで社長の顔を見たいと思っているのに、1列目に座ることができないのです。

このうちの1社の株は当時、実質〝タダ銘柄〟と言われていました。持っている現金同等物よりも時価総額が下回っている会社で、理屈的には現在の株価で発行済み株式をすべて買って買収すると、その買収代金よりも多い金額の現金が戻ってくるというわけです。

なぜこれほど株価が安いのか。株主総会への参加は、その理由を探るためでもありましたが、行ってみてわかりました。会社の業績は悪くない。社長は地元でも名士で人柄も悪くない。ただ、悪い話が社長に伝わらない会社だったのです。

「もっと、こうしたらいいんじゃないか」「ああしたらいいんじゃないか」といった声はあるのに、周囲が忖度して社長にまで情報や意見が上がらない。やはり一事が万事で、そうした体質が株主総会での社員らの態度から見えるのです。

これら2社の株主総会では、もう1つ、おかしなことがありました。総務部長のような人が出てきて、開会宣言を行ったときです。「定刻となりましたので、ただいまから株主総会を開催いたします」と宣言するや、いきなり総会の会場から拍手が起きたのです。

ふつう、この段階で拍手が起こることはありませんし、議長である社長が出てきて「代表取締役の何々でございます」と挨拶しても、そのまま粛々と進むだけです。

閉会の辞で起こるならまだわかりますが、社長を出迎えるかのように拍手が起こる。大変な違和感です。これも出席したから、わかったことです。

ちなみに特殊な雰囲気ということでは、こんな会社もありました。会場に行くと社長以下全員が赤いネクタイを締めていたのです。赤はこの会社のイメージカラーで、結束力の強い会社であることが伝わってきました。指先もみんなピシッと伸び、かなり体育系の気質の強い会社という印象でした。

これがいいか悪いかは判断の分かれるところでしょうが、これもまた会社の体質を知るうえで参考になりました。

§株主総会への参加は個人株主だけの特権

以上、私が出席した株主総会の中で印象的だったケースをいくつかご紹介しましたが、

株主総会（会場内撮影は原則禁止のためイメージ図）

こうした体験ができるのは、ある意味、個人投資家だからこその特権です。

投資家の中には、投信投資顧問会社（アセットマネジメント）、信託銀行、生命保険会社、損害保険会社などの機関投資家と呼ばれる運用会社の存在があります。厳密にいえば、これらの運用会社に運用を委託する年金基金などが本当の機関投資家とされますが、ここではわかりやすく運用会社を機関投資家とします。

機関投資家は年金基金などの顧客から運用を委託されて、そこで受託した資産を運用する株式運用のプロですが、そこで運用の実務を担う人をファンドマネージャーといいます。このファンドマネージャーは原則として株主総会には行きません。より正確に言うなら、行きたくても行けないのです。そこには機関投資家による運用の特殊性があります。

機関投資家は顧客から受託した受託資産を運用しますが、その受託資産そのものはどこにあるかというと、実は機関投資家が管理しておらず、通常は受託資産管理業務を展開する信託銀行で保管されています。

つまり受託資産は、機関投資家という運用会社が信託銀行の口座に保管されている株式を売買しているだけで、株式の名義人は機関投資家ではなく信託銀行なのです。

そのため株主総会の通知が届く先は信託銀行で、運用会社である機関投資家ではありません。通知が来ない機関投資家には、行く資格がないのです。

なかには日本生命のように、自分自身の勘定（※証券会社の機関投資家セールス時代は「一般勘定」とか「プロパー」と言った）で運用会社に委託しない機関投資家もいます。生命保険会社の場合、死亡保険や医療保険などで個人からたくさんのお金を預かります。それを運用して保険金を支払うわけですが、預かったお金の一部の運用を外部に委託する一方、自分自身が株主として取引先企業の株を買うこともあるからです。

これを政策投資などといい、たとえばある会社に保険を売りたいとき、その会社の株式を大量保有し、株主となることで、その会社で保険を売りやすくするのです。これらを職域営業といい、かつては一般企業の社内に保険のセールスが出入りしていましたが、このような場合は名義人が日本生命となり、機関投資家でありながら株主総会にも参加できますが、あくまで特殊ケースだと思います。

ではファンドマネージャーは、運用するにあたりどうやって投資判断の情報を集めるかというと、大まかにいえば、社内のアナリストに聞くか、証券会社のセールス、アナリストから聞くか、企業に直接取材するかのいずれかです。

企業への取材では、社長が応対することもあれば、ＩＲ担当者が応対することもあります。ＩＲ担当者が応対するものはスモールミーティングと呼ばれ、たとえ１人でも応じてくれます。

そこで１日中説明を聞くこともあり、その意味ではいろいろな情報を得ているのですが、すでに述べたように内容は会社のＩＲ、あくまでアピールです。アピールの場である限り、基本的にデータ中心の定量的な話で自社に都合のよいことを話す傾向にあります。

肝心の株主総会については、どれだけベテランのファンドマネージャーでも、ほとんどの方が１度も行ったことがないので、その内容を知る由もありません。

ところが個人投資家の場合、名義は本人自身なので、必ず本人宛てに招集通知が届きます。その意味で個人のほうが、経営の本質に関わる話を直接聞けるのです。機関投資家がよく聞く定量的なＩＲの話より、定性的ですがもう一段上の経営の話が聞けるわけで、これが個人株主の特権なのです。

またＩＲ目的の説明会では、中小型株の会社の場合、社長が直接出てきて話す場合もありますが、大企業の場合、基本的にかなり大きなＩＲに特化した部署があり、そこの担当者が代わりに話すことが多いです。トヨタの社長がひとつひとつの機関投資家に対し、経営戦略などを話すことは、まずありません。

一方、株主総会は一部のイレギュラーを除くと、基本的に社長が全部を説明しなければなりません。議長を務めるのが代表取締役だからです。これは個人株主がトヨタの社長に質問したり、意見を言うこともできることを意味します。

おそらく機関投資家は、株主総会がどのような順番で行われているかも知らないでしょう。会社四季報にしても、東洋経済新報社の記者がＩＲの担当者や社長にインタビューした内容を書いていますが、限られた文字数のコメント欄だけでは全てを伝えきれず、どうしても定量的な内容が中心になってしまいます。

もちろん会社四季報も役に立ちます。会社四季報を入り口に、まずは株を買って、株主総会に出て、その会社の人となりを知る。そのうえで、その会社を応援したいと思えば、持ち続ける。ただ株を買って、配当がいくらだったとか、株価が上がった下がったと一喜一憂するより、そのほうが面白いのではないでしょうか。

§株主総会で大事なのは〝ナマの情報〟に触れること

株主総会への参加というと、事前に情報をいろいろ仕入れなければならないと思う人もいるでしょう。何も知らないまま参加しても、難しい話ばかり語られ、聞いてもまったく理解できない。たんに眠気を抑えて座っているだけになりかねない。そんな不安を感じる人もいるかもしれません。

実際のところ、株主総会で決めるのは、役員の選任や報酬、定款変更など人事や経営における重要事項です。ただ株主総会は必ず本決算の発表のあと開催されるため、事前に決算短信や決算説明資料などのＩＲ資料が公開されていますし、株主総会の招集通知にも前期の事業報告や財務諸表が掲載されていますので、事前にそうしたものに目を通しておけば理解が深まり、株主総会に参加したときも、その会社についてより深く知る手助けになることは確かです。

とはいえ株主総会でも最初に事業報告を行い、前期の概況や売上げ、利益、対処すべき課題などを説明します。その意味では、まっさらな状態で行っても問題ありません。それ以上に大事なのは、話すニュアンスなど、紙に書かれたものとは違う、直接見ることでしかわからない〝ナマの情報〟を得ることです。

気の利いた社長なら、データを読み上げるだけでなく、「ちょっとここは補足します」「いま足元はちょっと厳しいのですが……」などと言って、新しい情報をどんどん追加してくれます。まさに投資家とのリレーション（つながり）が生まれます。

これがうまくできるかできないかも、おそらく株価に影響していると思います。これがうまい経営者に対し、我々個人投資家はよく「あの経営者はマーケットフレンドリーだ」「株式市場との対話がうまい」といった言い方をします。要は株主が欲していることを先読みして、伝える能力の有無です。

私が野村證券で機関投資家営業部にいた時代、それが非常にうまいと感じたのが、ニデック〈日本電産〉（６５９４）の当時の永守重信社長でした。期待値コントロールと呼ばれるもので、ファンドマネージャーが知りたい情報を暗に伝えるという、まさにあうんの呼吸の市場との対話でした。

たとえば永守社長が「この3カ月は、ちょっとしんどいよね」と言ったときです。「ちょっとしんどいということは、売上高や利益が少し落ちるんだな」と我々は勝手に推測します。そのため日経新聞に「日本電産減益」との見出しが出た時はすでに織り込み済みとなって、株価はおおむねその日が底で、そこから上がっていくというリズムがよくありました。

永守社長のケースは、機関投資家相手の説明会でよく見聞きしたものですが、株主総会でも、そういうことがあるのです。

§役員解任の場に居合わせる

「出席したからわかる」ということでは、こんなこともありました。佐賀に本店があるソフトウェア会社の株主総会に参加したときです。

この会社は「ＩｏＴのＯＳをつくる」を標榜しています。ＩｏＴという言葉は近年よく聞くようになりましたが、まだまだ身近なものではありません。ある意味、昔のパソコンと同じというのが同社の考え方です。

１９８０年代のパソコン黎明期は、一般の人にはわからないし、使えないものでした。そこにマイクロソフトがＯＳという基本ソフトをつくったことで、パソコンを誰でも使えるものにしました。同じことをＩｏＴでやるというわけです。

そんなストーリーを知って、間違いなくこの会社は伸びると思いましたが、当時の株価は低迷していました。そしてこのときの株主総会の議案が、ある役員を退任させるというものでした。詳しい内情を知ろうと、私も株主総会が開催された佐賀県まで行ったのです。

出席してわかったのは、その役員は社長が事業を伸ばすために招聘した人だということでした。ところが「専用車を用意しろ」「秘書をつけろ」「給料を上げろ」などと、自分の私腹を肥やすようなことばかりしていた。それでいて会社に貢献することは何もしていない。ついてはこの役員を退任させたい、というのです。

壇上には問題となっている役員もいますから、当然、株主総会はもめます。その役員も「私はこんなに会社に貢献してきたのに、こういう仕打ちをする会社なんです。株主の皆さんも、私に質問してほしい」というようなことを発言されたので、それを受けて私も株主の1人として質問させていただきました。

「社長、今日の株主総会は一役員を退任させるための決議をするという、非常に後ろ向きなものです。その彼を役員に指名したのは、社長ですか」。社長が「私です」と言うので、続けて言いました。

「つまり社長には、任命責任がありますね。このような事態になって、我々は気分が悪い。そこは十分、反省していただきたい」

「おっしゃるとおりです」と社長が言うので、続いて問題の役員に質問しました。「あなたはこの会社を、たとえば3年後、5年後にどういう会社にしたいとお考えですか」。

彼はしばらく黙ってから言いました。「私は取締役といっても、辞めさせられようとしているんです。そんなこと、わかるわけないじゃないですか」

「それですよ。つまり役員としてのビジョンがないじゃないですか。それでは担当役員として仕事をしていないじゃないですか。だから退任させられるんですよ」

私がそう言うと役員は黙り、ここでお開きになりました。問題の役員は退任が決まり、するとそこから株価もまた上がってきました。やはり彼がネックだったのです。

これは株主総会でのゴタゴタを見たからこそ、しっくりいっていないことに気づいたのです。そしてネックだった役員が辞めたので、これから会社は伸びていくと確信しました。その話を株主総会でのやりとりも含めて知人にも伝え、実際に株価は上がりだしました。

またこのときの株主総会では、それまで黙っていた女性がすっと手を挙げ、「私は社長を支持します」と言いました。出席者が10人ぐらいしかいない総会で、2人目の賛同者が出たことで、件の役員は意気消沈して何も反論できず、無事解任となったのです。

このようなドロドロした場になることも、株主総会ではあるのです。これはまさに経営の場だからこその話で、そんな経営判断をする一番最後の重要な局面に個人株主は参加できるのです。

§社長の発言の真意を見誤った私の失敗

もっとも株主総会に参加すれば、つねに最適な判断ができるというわけではありません。私自身、せっかく株主総会に参加したのに、社長の発言の重要さに気づかず失敗することもあります。

たとえばスマホアプリを使い、資格取得のための勉強ができるサービスを展開する会社の株主総会に参加したときのことです。当時その会社の売上げは、前年比3割増と絶好調でした。事業内容も新規性があり、マーケットも大きい。社長も優秀そうで、私は大いに期待していました。

その社長が株主総会で今期の目標として、「もっと知名度を上げるために、テレビＣＭにコストをかけていきます」と言ったのです。私はそれを株価に関わる重大事と思わず、何となく聞き逃していました。じつはこの言葉の裏にあったのは、「売上げは伸びるけれど、減益もしくは赤字になりますよ」というメッセージだったのです。

実際、株価はその後、10分の1まで落ちてしまいました。表面上見えている売上高の伸びは悪くないのですが、それ以上に宣伝コストがかかり、減益どころか最終的には赤字となり、株価が暴落したのです。

社長が株主総会で語ったことは、結果として赤字転落という結末になりました。「テレビ広告をやること」は知名度を上げる意味ではよいものの、「コストがかかること」で利益は落ち込み、株式市場はそのことを嫌気するという関連性に、私は気づかなかったのです。気づいていれば、一時的であれ、早々に株を売っていたでしょう。

これは「増収減益」といわれるもので、中小型の成長株で陥りやすいケースです。

売上げと利益の関係には「減収増益」「増収増益」「増収減益」「減収減益」の4通りあります。ここでいう利益は、売上高から売上原価と販売費・一般管理費を引いた、営業利益のことです。

このうち減収増益だと、株価はだいたい大底をつけます。その後、売上げも利益も伸びると増収増益となり、株価も続伸していきます。これが天井まで来ると、次に増収減益になります。その後、減収減益で株価が下がっていく。これが企業業績と株価における、大まかなサイクルです。

そして中小型銘柄で売上げがすごく伸びている会社が、さらなる成長を目指して広告宣伝や人件費にコストをかけると、増収減益になることが多いのです。ただし株価が必ずしも下がるとは限らず、これをプラスと捉えて株価が上がるケースもあります。

もちろん見た目は減益なので、それに反応して暴落するケースもあります。よほど相場がよくない限り多くは下がりますが、この見極めはかなり難しいものがあります。

先ほどの「テレビCMにコストをかけていく」という発言は、まさにこのことを言っていたのです。それに気づかず、私はマーケットの巨大さから、判断を間違えてしまったのです。

「巨大なマーケットの中で、これぐらいのシェアを取れば売上げは10倍になる」といったイメージを持っていて、「テレビCMでもっとメジャーになれば、テンバガーも夢ではない」という欲に目が眩んでしまった。せっかく株主総会に出たのに重大なサインを見逃し、無駄にしてしまったケースと言えます。

§出席するからわかる社長の熱量

逆に出席が奏功したケースもあります。エル・ティー・エス（6560）という会社の株主総会に出席したときです。この会社は、もともと外資系のコンサルティング会社にいた樺島弘明氏が、「日本国籍」のコンサルのブランドをつくりたいと志して始めたものです。

まずは「アジアで5本の指に入るコンサルティング会社になる」ことを標榜し、ようやく売上げが立って、いよいよ利益を出していくという時期でした。このときの株主総会で樺島社長が「これからの成長段階に向けて、内部留保にまわすので配当は出せません」と言ったのです。

すると、おそらくこの言葉の意味を理解できなかった株主の1人が「配当を出せ！」と何度も社長に詰め寄りました。あまりにしつこいので、私は次のような発言をしました。「社長が成長のために内部留保を厚くすると宣言しています。私は社長を信じてその成長に懸けるので配当は要りません」

これで決着がつき、無配当が決まりました。そして、ここから株価が3、4倍に上がっていったのです。

これは内部留保とは何か、そして配当と内部留保がどのような関係にあるのかを理解していないことに原因があると思われます。売上げから税金も含めたすべてのコストを差し引いたものが、純利益になります。通常の配当はこの純利益の中からいくらかを分配して株主に払うもので、株主からみれば投資のリターンを得られる一方、会社から見れば利益を外部に流出させることでもあります。

一方、会社が成長している場合は、外部流出させるより、利益をもう一度本業に回す方が効率が良いとするのが内部留保です。樺島社長は利益を外部流出させず、「いまは成長するために一番大事な時期だから、（配当として外部流出させずに）内部留保します」と宣言したのです。

この宣言は「当社はこれから加速度的に成長するステージに入ります」という自信の表れでもあります。それだけのことを社長が言っているのに、その真意を理解せずに「配当を出せ！」としつこく言う株主がいるのです。私は社長に頑張ってほしかったので、応援の意味も込めて「配当は要りません！」と意思表示をしたのですが、こうした社長の覚悟や熱量は、あとから議事録を見てもわかりません。

文章にすると、どうしてもきれいで、おとなしいものになってしまいます。社長が何度も何度も説明している状況も省かれ、議事録では1回に集約されることがほとんどです。株主のネガティブな質問に対し、どのように応じたかなども、その場にいるからこそわかるのです。

§質問するから株主総会は面白い

また株主総会では、ふつうなら出会わない場面に遭遇することもあります。これは複眼経済塾の塾生から聞いた、とある機械製造会社の株主総会での話です。この会社は、私が野村證券に入社した頃から、多くの企業の大株主に名前が登場する、株式市場では有名な社長が経営する会社で、塾生が株主として、会社の経営について「もっと、こうしたらいいんじゃないでしょうか」などと発言していたら、社長の後ろにいた役員が「兄ちゃん、それぐらいにしとけや」と囁いたそうです。

株主総会は会社における最高意思決定機関だけに、ギリギリのところでのやりとりやさまざまな人間模様があり、だからこそドラマチックで面白いのです。

逆に言えば、ただ出席するだけでは総じて、株主総会は面白くありません。それをいかに面白くするかも、株主の責任だと私は思っています。株主である限り、その人は経営に参加しています。にもかかわらず株主総会がつまらないなどと言っているのは、株主としての仕事を放棄しているのです。

一方で質問を投げかけ、社長が会社にかける思いをどんどん引き出すことができれば、極めて面白い株主総会になるのです。

その意味でコロナ禍において、株主総会はかなりつまらないものが増えました。感染対策の名目でオンライン形式が増え、実際の会場で行う場合も「質問は1人1問」などと限定されました。これでは盛り上げることなどできません。

さらにひどいケースもあり、あるインテリアや家具などのネット通販会社では、コロナ禍を理由に、株主総会を5分で切り上げてしまったのです。事業報告についても「皆さん、すでにご覧になっていると思いますので省略します」などと言い、質問するタイミングも与えませんでした。私が参加した中で、最悪の部類に入る株主総会でした。

法律的には、株主総会を5分で終えても、株主からの質問を受け付けなくても、問題ありません。会社の態度が気に入らなければ、株を売ればいいという考え方です。

このときの株主総会は会社のショールーム的な場所で行われました。インテリアを扱う会社なので、ちょっと変わったソファや椅子などが置いてありました。株主がそれぞれ座って待っていると、隣の部屋から社長が現れ、先のような発言をしてさっさと帰ってしまったのです。一時が万事ですから、やはり「この会社の株を保有するのは、もういい」となりました。

§「野菜ホールディングスにせよ」と提案された〝トンデモ株主総会〟

以上、株主として株主総会に参加するメリット、株主総会に参加することで出会えるドラマなどについて、ほんのさわりですがご紹介しました。

2章では株主総会がどのような場かをより実感していただくため、私が参加した株主総会で印象深かったケースをご紹介していきます。ただ本章の最後に、私がかつて勤めていた野村證券で起こった、〝トンデモ株主総会〟とも言える、珍事件をご紹介しましょう。

これは２０１２年に開催された野村ホールディングス（８６０４）の株主総会の出来事で、当時同社は、公募増資をめぐるインサイダー取引問題で、金融庁から業務改善命令が出るかどうかで株価が低迷していた頃の話です。

「社長を解任せよ」ということをはじめ、さまざまな株主提案が出たのですが、その内容が非常にユニークなものでした。

当時の私は社員株主だったので、私のもとにも招集通知が届き、そこには次のような提案が記されていました。

NOMURA

（証券コード8604）

目次

（招集ご通知と報告書を一冊にまとめております。）

第108回　定時株主総会
（平成24年6月27日（水）開催）

招集ご通知

野村ホールディングス株式会社

株主提案は原文のまま掲載しております。

株主総会参考書類

< 株主提案(第2号議案から第19号議案まで) >

第2号議案から第19号議案までの各議案は、株主(1名)からのご提案によるものです。

株主からは、当社商号の「野菜ホールディングス」への変更を求める件をはじめとする100個の提案がございましたが、株主総会に付議するための要件を満たすもののみを第2号議案から第19号議案としております。

以下、各議案の提案の内容および提案の理由は、個人名を削除したことを除き、原文のまま、提案された順に記載しております。

○第2号議案から第19号議案に対する取締役会の意見

取締役会は、第2号議案から第19号議案までのすべての議案に反対いたします。これは取締役会として、これらの提案が株主共同の利益または企業価値の向上のいずれにも資するものではないと判断したためであります。（なお、各議案の記載で、「取締役会の意見：本議案に反対いたします。」とのみ記載した箇所につきましては、この共通する理由によるものであるため、個別の理由記載を省略いたしております。）

第2号議案　定款一部変更の件(商号の英文における発音と登記について)

提案の内容：定款第一条「当会社は」の後に「日本語では」を挿入し、「表示する」を「表示し、その際の呼称は英語表記に基づいて行うものとする」と改める。また商標権トラブルに巻き込まれないよう、その他の取引先国の手続きにおいて必要な場合、(中文では蔬菜投資公司とするなど)多言語で確実な登記手続きを行う。

提案の理由：「社を挙げた意識改革」を求めて提案する。現行の定款を文字通りに解すれば、英文での表記の場合でも発話の際には日本語の呼称を用いなければならないことになり、アメリカ市場進出の際の諸取引において障碍となりかねないため修正するものである。
また今後はイスラム金融、中国市場での取引の際の表記と呼称についても柔軟な対応が求められる。

○取締役会の意見：本議案に反対いたします。

第3号議案　定款一部変更の件(商号の国内での略称および営業マンの前置きについて)

提案の内容：当社の日本国内における略称は「YHD」と表記し、「ワイエイチデイ」と呼称する。営業マンは初対面の人に自己紹介をする際に必ず「野菜、ヘルシー、ダイエットと覚えてください」と前置きすることとし、その旨を定款に定める。

提案の理由：「社を挙げた意識改革」を求めて提案する。
貴社の現在の称号は長すぎて、著しく業務効率を悪化させている。17のモーラがあれば俳句

12

2012年野村ホールディングス株主総会招集通知

株主提案は原文のまま掲載しております。

第11号議案　定款一部変更の件(投資先の制限について)

提案の内容：東京電力、および関西電力に対する融資、投資を禁じる旨を定款に明記する。

提案の理由：このようにハシズムに同調するように見せかけることで真面目な会社であることを世間に印象付け、結果として商行為でたんまり稼ぐことも可能であろう。また貴社が反対してこの提案を否決したとしても、ハシズムに同調する提案事例として報道されることもあるかもしれない。みずほFGの株も300口くらいはあったと思うが証券会社に貸しているので、今年は貴社のみに提案しておくことにするものである。

○取締役会の意見：本議案に反対いたします。

第12号議案　定款一部変更の件(日常の基本動作の見直しについて)

提案の内容：貴社のオフィス内の便器はすべて和式とし、足腰を鍛錬し、株価四桁を目指して日々ふんばる旨定款に明記するものとする。

提案の理由：貴社はいままさに破綻寸前である。別の表現をすれば今が「ふんばりどき」である。営業マンに大きな声を出させるような精神論では破綻は免れないが、和式便器に毎日またがり、下半身のねばりを強化すれば、かならず破綻は回避できる。できなかったら運が悪かったと諦めるしかない。

○取締役会の意見：本議案に反対いたします。

第13号議案　定款一部変更の件(取締役の呼称について)

提案の内容：取締役の社内での呼称は「クリスタル役」とし、代表取締役社長は代表クリスタル役社長と呼ぶ旨定款に定める。

提案の理由：取締役という言葉の響きは堅苦しい。また昨年の株主総会で気がついたのだが、取締役会では支配下の子会社の業績に関して全く取り締まっている様子がない。トマト栽培が儲かっていないという報告があった場合、取締役会では「なぜ儲からないのか」「どうやったら儲かるか」を諮らねばなるまい。しかし「利益はそれほど出ていません」で済ませるのは取締役会ではない。従って呼び方はいい加減なもので済ませることとする。

○取締役会の意見：本議案に反対いたします。

第14号議案　定款一部変更の件(口座開設の業務委託について)

提案の内容：新規口座開設やウエブサイト利用上のアドバイスなどの業務を専門業者に委託して行うこととし、定款に明記する。

17

株主提案は原文のまま掲載しております。

提案の理由：某ネット専業証券会社が先行して実施しており、新規開拓に関して一定の効果が期待できることから。比較的資金力に乏しい若年層に対しても積極的なセールスを行うには、こうした効率化により、経費を抑える工夫が必須である。

○取締役会の意見：本議案に反対いたします。

第15号議案　定款一部変更の件(発行可能株式総数について)

提案の内容：定款第6条に定める発行可能な普通株式を「60,000,000,000株」から「5,966,290,435株」に変更する。

提案の理由：現在の発行株式は収益に対して多すぎることから、自社株消却を行うものである。現在の設定は60億という漠然とした大きな数字または【個人名につき削除】が最強の格闘家として祭り上げられていた時代の人類の総数である。一枚一枚株券を刷る手間がなくなったからといって、そんなに闇雲に株券をばら撒いていては、株価も下がろうというものだ。なにごとも「ほどほど」と弁えることが肝要である。

○取締役会の意見：本議案に反対いたします。

第16号議案　定款一部変更の件(定款の一部修正について)

提案の内容：定款第3条に「当会社は、本店を」とあるを「当会社は、本店を日本国」に改める。

提案の理由：「東京中央区」が中国で既に商標登録されてしまっているため。

○取締役会の意見：本議案に反対いたします。

第17号議案　定款一部変更の件(暦法について)

提案の内容：定款第21条に「定時株主総会は、毎年4月1日から3カ月以内に招集し」とあるを「定時株主総会は、毎年グレゴリオ暦協定世界時における4月1日および10月1日からそれぞれ3カ月以内に召集し」と改める。

提案の理由：太陰暦およびグリニッジ標準時に基づいて貴社社員が有給休暇を取得する事故を防ぐため。

○取締役会の意見：本議案に反対いたします。

第18号議案　定款一部変更の件(グループ長について)

提案の内容：取締役会長はグループ長とし、定款に明記する。

18

株主総会参考書類

100項目あった株主提案

●野村ＨＤの商号を「野菜ホールディングス」に変更せよ
●国内の略称を「ＹＨＤ」と表記し、営業マンは初対面の人に自己紹介する際には必ず「野菜、ヘルシー、ダイエットと覚えてください」と前置きする旨を定款に定めよ
●代表取締役社長は「代表クリスタル役社長」と呼べ
●オフィス内のトイレはすべて和式にし、足腰を鍛錬して、株価４桁を目指して日々ふんばるようにせよ

……といった具合です。

株主提案は全部で１００項目あり、おちゃらけたものから真面目なものまで、さまざまでしたが、社員としては恥ずかしいと思いつつも、こんな面白い招集通知は２度と来ないだろうとも感じていました。

これらの提案はある意味、株主の本音でもあります。当時の記憶が定かではないのですが、野村ホールディングスのこの頃の株価は３００円台前後で低迷しており、数百万円の投資で株式提案できたので、このような声も多数出てきたのです。

現在でも、議決権を３００以上持つ株主は株主提案ができますが、企業側の対応も変わったことで、このような提案をする株主は少なくなったとされています。このときの株主

総会は、まさに歴史的なものと言えるでしょう。私も招集通知を目にした瞬間、「この株主総会は歴史的なものになる」と思い取っておいたので、ここでご紹介できるしだいです。

第2章

株主総会はドラマチック

§株主総会は〝デビュー戦〟が面白い

1章で株式投資は、株主総会に参加することで10倍楽しめるといった話をしました。2章では具体的に、私が体験したさまざまな株主総会のケースをご紹介します。

一口に株主総会といっても、大型株の会社と中小型株の会社では雰囲気がかなり違います。東京証券取引所の定義では、大型株は東証一部上場企業の中で、時価総額と流動性が高い上位100銘柄を指していますが、一般的なイメージとしては時価総額5000億円以上を目安としています。多くは名前がよく知られた、大企業のものです。一方の中小型株は、時価総額が相対的に中規模または小規模な株を指します。

私が株主総会に参加するのは、このうち中小型株の会社が中心で時価総額でいえば500億円以下ぐらいの会社が多いです。中小型株からテンバガーが出ることも多く、また会社自体が若くて熱意溢れる経営者に出会うことも少なくないからです。

なかでも積極的に参加するようにしているのが、その会社が上場して最初に行う株主総会です。言わば上場企業の社長としてのデビュー戦であり、不特定の株主相手に話をする最初の機会です。

そこに面白みがあり、このときに感じた人柄がダメなら、その会社はダメと私は考えています。1分でも遅れる会社はダメで、ましてや社長が欠席するなど論外です。先に紹介した社長が欠席したのは2回目の株主総会でした。2回目にして、その程度の熱量だったのです。

デビュー戦が印象的だった会社の1つに、アパレル会社のTOKYO BASE〈東京ベース〉(3415)があります。この会社の株主総会は、本社のショールームみたいな、狭い部屋で行われました。出席者も5、6人しかおらず、そこに現れたのが30代とまだ若い谷正人社長でした。

この会社はアパレルの中でもメイドインジャパンに特化していて、そこも私がいいと思った1つでした。加えて質問に的確に答えてくれただけでなく、プラスアルファの答えが返ってくるところも好印象でした。

たとえば「10年後のイメージは、どのような感じですか?」と尋ねたときです。「いま100億円ある売上げが300億円になります」といったざっくりした答えではなく、マーケットに対する今後の見通しを述べたうえで、ちょっとしたひと言を加えてくれるのです。

「現在の日本のアパレルシェアはこれぐらいで、潜在需要はこれぐらいあります。だから10年後は、これぐらいになります」といった具合です。

私としてはマーケット規模を聞くつもりはありませんでしたが、それでも意を酌み自分で言葉を追加する。その内容もドライなほどシンプルで整理されたものでした。

この答えを聞いたとき、「この会社はいける」と確信しました。実際、上場後まもなく東京ベースの株価は20倍まで上がりました。

§社長の「純」な思いを聞けたりたりこ

またデビュー戦で「思いが純粋だ」という印象を強く持ったのが、LITALICO〈りたりこ〉（7366）の長谷川敦弥社長です。りたりこは発達障害児向けの就労支援事業を行っている会社で、社長が30代半ばと年齢が若いことも、やはり好印象でした。

総会が始まり、まず驚いたのが「私も発達障害で非常に生きづらかったんです」というカミングアウトの発言です。そして以下のような話を続けました。

発達障害といっても、何かがおかしいわけではない。ちょっと世の中に適合しないだけに過ぎない。目の悪い人も、メガネが発明される前は「障害者」と言われた。それがメガネができたことで、誰も障害者と言わなくなった。発達障害も同じで、障害をカバーする仕組みさえつくれば、それは障害ではなくなる。

ものすごい説得力で、だから株主の質問も通常の株主総会とはまったく違うものでした。「私は今日九州から来たのですが、りたりこの事業所が地元にはありません。出してもらえないでしょうか」といった内容です。このような質問が出るのは、社長の思いにみな共感しているからです。

そもそも社名の意味が「利他・利己」です。「利他」が先で、「利己」があとに来る。社名からして「純粋」なのです。

社名の由来については、もともと複眼経済塾の塾生から聞いていました。1章で述べたように、私には「2カ所の法則」があります。よい噂でも悪い噂でも、2カ所から聞いたものは正しい。そこで自分でも直接見てみようと、株主総会に行くことにしたのです。

当時の長谷川社長は新婚で、子どもも生まれようとしていました。生まれてくる子どものためにも、そういう社会をつくりたいと言い、経営理念やビジョンを滔々と語った。そこに共感したのです。

§寺尾社長の創業時の思いに共感したバルミューダ

デビュー戦で共感した会社といえば、家電メーカーのバルミューダ（6612）もそうです。上場は2020年ですが創業自体は2003年で、工房のようなところからのスタートだったそうです。

デビュー戦で寺尾玄社長は会社を立ち上げたときの思いを語りました。当時は自分たちに身近な家電が、どれも似たような、ありきたりなものになっていた。そこにデザインを採り入れたい。そんな思いで始めたというのです。

デビュー戦では苦労話も多く語っていました。上場の翌年に参入することになるスマートフォン事業も、開発に際して賛否両論だったそうです。それでもなぜスマホを始めたいのか、思いを語る寺尾社長の言葉には説得力がありました。

世界中の家電で、持っている人が一番多いのがスマートフォンです。ところがどれもデザインが画一的です。「そんなことでいいのでしょうか」と寺尾社長は訴えるのです。言われれば「そうだな」と思い、「応援しよう」という気になるのです。

スマートフォンについては、結果的に撤退することになり、株価も低迷していますが、今後も応援したい気持ちは続いています。

ちなみにバルミューダについては、2023年の株主総会にも小笹が参加しました。このときは取締役の佐藤弘次氏が会社を離れることが決まっていて、寺尾社長と佐藤氏の両方に退職の経緯などについて伺いました。

旗艦店そばの教会で開かれたバルミューダ総会

佐藤氏は2010年にパイオニアから転職してきた方で、3人目の社員だったそうです。寺尾社長によると、6事業部制に体制が変わる中での退職とのことでした。

退任者の挨拶の時間を設けている会社は、残念ながらわずかです。逆にいえば挨拶の時間を設けている会社は、人を大事にする会社のようにも思います。質問を通じて寺尾社長の佐藤氏への思いや会社の歴史の中での位置づけについても聞くことができ、このときの株主総会も印象的なものになりました。

§「社員が楽しくなければダメ」と言ったバルニバービの佐藤社長

カフェやレストランを展開するバルニバービ（３４１８）もデビュー戦が印象的な会社でした。この会社を知ったのは、ＴＢＳの情報番組『がっちりマンデー!!』に社長の佐藤裕久氏が出演していたのがきっかけです。ちょうど会社を上場したばかりの時期でした。

このときの佐藤社長の印象は「ロンゲのバンドマンのちょい悪オヤジ」といったものでした。本人を直接見てみたいと株を購入し、大阪にある国指定の重要文化財で格式が高い中之島の中央公会堂で開かれた最初の株主総会に参加したのです。

株主総会が終わると、隣の部屋に用意されたバルニバービの料理をご馳走になりながら、あらためて佐藤社長の話を聞いたのですが、このときのセリフが極めて自信に満ち溢れたものでした。

「うちは、とにかく社員が楽しくなければダメだと思っています。だからどの店でもよいので、スタッフに仕事が楽しいかどうかを聞いてみてください。アルバイトでも誰でも、全員『楽しい』と言うはずです」。そんなことを言うのです。

その足ですぐ1号店と会社がすすめるお店に行き、スタッフに「仕事は楽しいですか？」と聞きました。「楽しいです」と即座に答えが返ってきました。2店舗で6人ほどに聞きましたが、全員が「楽しい」と即答しました。

働く人たちが楽しいかどうかは、お客様にもすぐ伝わります。経営で最も大切なのは、社員教育であり、人を育てることです。それを大事にしているという点で、佐藤社長は見た目はちょい悪でも、中身は純粋なのです。やはり実際に株主総会に出席し、直接社長の話を聞けてよかったと思える出来事でした。

§ 貫社長への質問でわかった串カツ田中が目指す路線

外食チェーンの串カツ田中ホールディングス（３５４７）も、やはりデビュー戦に行きました。ここで創業社長の貫啓二氏が目標として掲げたのが、低価格路線で急成長した鳥貴族ホールディングス（３１９３）でした。ここをベンチマークにしているというのです。

当時、私たち複眼経済塾は日本や国産が見直される「ジャポニスム」「日本回帰」といった大きなテーマを掲げていました。当然、応援したい会社を選ぶ際にそのような視点も重視していました。ちょうど同じ外食チェーンのリンガーハットが、自社が提供するちゃんぽんや皿うどんに使用する野菜を国産１００％に戻した時期でもありました。

リンガーハットは野菜を国産１００％にするにあたり、最後の最後までキクラゲで苦戦したそうです。どうしても国産化ができず、鳥取県をはじめとした日本各地のきくらげ産地の協力を得て増産し、キクラゲの国内調達を達成したのです。

野菜を国産にすると当初のコストは高くなりますが、食の安心安全をアピールできます。とくにリンガーハット（８２００）は「おいしさと安全」をうたうことが人気につながっています。直近でも、中華チェーンの日高屋〈ハイデイ日高〉（７６１１）が野菜の国産比率を増やすと、２０２３年春の会社四季報に書かれています。

そうしたことを念頭に置きつつ「食材について、安心安全の国産を使うといったこだわりはあるのですか?」と質問してみました。貫社長は「ありません」と即答し、正直期待外れな結果に終わりました。

とはいえこれは「価格を上げず、低価格路線で行く」と明言したことでもあります。「いずれ国産に」といった回答でなかったのは残念ですが、質問によってそこがはっきりわかったことは確かで、これはこれでよかったと思っています。

§デビュー戦でスライド上映する会社の熱量

以上、デビュー戦で聞いた社長の思いが印象的だったケースを4社ご紹介しましたが、上場したばかりの会社ならどこでもやる気に満ち溢れているかというと、そうとは限りません。だからこそデビュー戦に行くことが大事で、デビュー戦で本人に会って話を聞けば必ずわかります。

とくに社長の思いが純粋かどうか、話が整理されてわかりやすいかといったことは、ライブで聞かないとわかりません。その意味で少し残念に思うのが、近年、事業報告を社長が行わない会社が増えていることです。

「事業報告については音声にてお伝えします」などと言って、スライドを使って事前に録音した女性の音声だけを流す。こうした演出を、私はまったく評価しません。実際、ある株主総会で社長に言ったことがあります。

「今日せっかく株主総会に来たのに、社長は杓子定規なことしか言わず、自分の言葉で説明しない。我々としてはライブ会場に来たのに、いきなり録音されたテープを聞かされたわけです。しかも本人の声じゃない。これって印象悪いですよね」

このような演出になったのは、おそらく株主総会の本当の意味をわかっていないＩＲコンサルタントのアドバイスに従ったからでしょう。「間違ってはいけない」といった観点から、録音テープを使うことにしたのだと思います。

しかし株主としては、やはり社長が直接話す言葉を聞きたい気持ちがあります。とくに初めての総会なら自分の声で伝えるべきで、実際そうしている会社もたくさんあります。逆に言えば録音テープを使う会社は、「その程度の熱量」と判断することにもなるわけです。

また先に述べた会社は、いずれも社長の思いを聞けたケースですが、デビュー戦で社長が必ずしも思いを語るとは限りません。体感的には半分から３分の１程度で、こちらから質問をぶつけることも大事になります。

東京ベースで質問した「御社の関わっているマーケットは、将来どれぐらいの規模が見込めますか。そのとき御社の位置づけは、どのぐらいになりますか」も、その1つです。あるいは「役員の方々は、どのような思いでそれに取り組んでいるのですか」などと聞くこともあります。

こうした話は、上場したばかりの社長なら本来、一番話したいことです。だから水を向ければ、どんどん話してくれます。ここから、その事業に対する熱意がわかるのです。

これが社歴の長い会社なら、社歴のある会社ほど、「わざわざ言わなくても知っていますよね」となります。そもそも株主総会では、ふつう社長から経営理念やビジョンを語ることはありません。招集通知にも、そうした議題や議案は書かれていません。

だからこそデビュー戦は楽しく、また質問の考えどころでもあるのです。

§ 株価低迷について聞かれ、「大株主の私が一番痛い」と答えた社長

デビュー戦や社歴の浅い会社の株主総会でも、社長の発言にがっかりするケースはあります。なかでも強烈だったのが、ネットオークションを展開する会社の株主総会に出席したときです。

会社四季報を見る限り、業績はすごく伸びているのですが、株価がいっこうに上がりません。理由を探ろうと、株主総会に参加することにしたのです。

社長は某国立トップ大学出身で、非常に優秀な方です。問題は質疑応答の時間に、誰かが株価の話に言及したときです。

株主総会で株価について株主が質問するのは、私は基本的にマナー違反だと思っています。業績は経営努力の結果であり、経営者の責任ですから、株主として社長に質問するのは問題ありません。

ところが株価はマーケットが決めるものです。会社が決めるのではなく、それについて文句を言うのは筋違いです。どうしても尋ねたいとしても、言い方があります。

最初に「業績は経営の結果、株価はマーケットが決めるものだということはよく理解しています」などとひと言断ったうえで、「とはいえ、株価で低迷しているのは事実です。それに対して改善するための経営努力は何かしていますか」などと尋ねるなら、わきまえた発言になります。

このような質問に対し、「ＩＲを一生懸命やっています」「業績を上げていきます」などと答えるなら、とくに問題はありません。ところがこの株主総会では、社長の発言にも問題がありました。

「お気持ちはわかりますが、弊社の大株主は私です。株価が低迷して一番痛いのは、私なんです」。そんな回答をしたのです。

こんなことを言われては、個人株主としては返す言葉がありません。相手は過半数以上持っている大株主で、自分は１００株しか持っていない雑魚となります。これでは「株主でいても無駄」となり、その会社に対する熱が冷めてしまいます。

これも一事が万事で、社長がそういう感覚でいる限り、株価が低迷しても対策を取ろうとはならないでしょう。こういうのは空気でわかります。

この社長は経営者として空気が読めず、同じことを社員にもやっている可能性がありま す。さらには顧客にもやっている可能性があるわけです。株価低迷の理由も、理解できる気がしました。

§自分を「経営者」と思っているか、「オーナー」と思っているか

この社長のように中小型株の会社の社長は、自らが自社の株式を大量に保有しながら、

社長として経営に携わる「オーナー企業」というケースが少なくありません。「オーナー企業」は、創業者もしくはその一族が経営の実権を握っている企業を指しますが、オーナー企業の強みは、①会社の所有（株主）と、②会社の経営（経営者）の両方で影響力を発揮できることにあります。

たとえばソフトバンクグループ（９９８４）の孫正義会長兼社長は、全株式の4分の1程度を保有していますのでオーナー社長であり、同社はオーナー企業ともいえます。

オーナー社長ゆえのメリットは、最大株主だからこそ、「自分の力で大きくできる」という自負を持っている人も多いでしょう。大胆な判断や素早い転換ができるのも、オーナー社長ならではの強みです。

孫氏の場合、「時価総額を拡大して資金調達し、さらに事業を拡大する」といったビジネスモデルを早い段階から意識していたように思います。銀行からの借り入れと違い、株で調達した資金は返済する必要がありません。それをいかに多く集めるか考えたとき、当然、時価総額を大きくしたほうがいいという発想になります。

この発想を持っているオーナー社長の会社の株は、上がりやすい傾向にあります。直接金融をうまく活用し、株で資金調達をしながら成長していこうと考えるからです。

ところが最近は、上場することをゴールと考える人も増えています。株式公開して100億円ぐらいの時価総額になれば、株を売ってそれで終わりにするといった人たちです。1章でご紹介した株主総会を欠席した社長が、その典型です。できるだけ早く逃げたいと考えていて、実際、欠席した株主総会のあとすぐに辞任し、別の人が社長になりました。

おそらく彼は持っていた株のかなりを売却したのでしょう。彼の退任に伴い、会社の株価は大きく下がりました。彼としては自分の懐にはお金が入ったから、それでいいわけです。

その意味では株価についての質問は、株式市場を活用し会社を大きくしたいのか、もしくは単に個人としてお金が欲しかっただけなのかを知ることにもなるのです。もちろんこの会社の場合、株主総会のあと、私はすぐに株を売却しました。

§「この会社は化ける」と確信した、元キーエンス社長のひと言

株主総会での発言が重要なのは社長だけではありません。たとえばソフトウェアテスト会社のＳＨＩＦＴ〈シフト〉（３６９７）の株主総会では、こんなことがありました。

ソフトウェア開発では、必ずバグが生じます。ソフトウァア開発において、バグをなくすためのテストは不可欠な作業ですが、これにかかる時間やコストは膨大なものです。従来この作業はアウトソーシングできず、みな社内でやるしかありませんでした。そこへバグを調べる作業を行う会社として、初めて立ち上げたのがシフトです。

この会社も1回目の株主総会から参加しましたが、このときは成長性に少し疑問を感じました。とはいえマーケットは膨大なので、そのまま持ち続けることにして、2回目の株主総会にも参加しました。

この時の株主総会は、社外取締役3名を選任する決議が行われた年で、この中の1人にキーマンがいたのです。2000年からキーエンス（6861）の社長を務めた佐々木道夫氏です。佐々木氏の挨拶を聞いて、私は「この会社は化ける」と確信しました。

ご存じの方も多いでしょうが、キーエンスはFAセンサーをはじめとする検出・計測制御機器メーカーで、営業利益率50％という驚異的な数字を誇ります。社員の平均年収が2182万円（22年3月）で、日本の製造業の上場企業で最も年収が高い会社としても知られます。

株価も、20年ほどで20倍になりました。上場した1987年時点で1000億円だった時価総額は最大時で約15兆円になり、150倍ぐらいに成長したことになります。なかでも急拡大する時期に、立役者となったのが佐々木氏です。

新役員として挨拶した佐々木氏の発言で、とくに成長を確信したのが最後のセリフです。

「私はキーエンスが急拡大する時期に社長を務めていました。当時キーエンスは伸びると思っていましたが、同じ感覚をこのシフトに感じています」。つまり佐々木氏はシフトをキーエンスに例えたのです。

キーエンスは、我々の世界では超優良企業です。キーエンスをそこまでの会社にした佐々木氏なら絶対にやってくれると思ったのです。

§役員が誰も株を持っていない会社の株主総会で見えたこと

一方で役員の態度から、その会社に失望するケースもありました。ＩＴ部品が祖業でさまざまな事業を展開してきた会社の株主総会に参加したときです。

この会社はある意味、投資ファンドが支配する格好になっていて、何をしているのか不透明な会社になっていました。実態を知ろうと株主総会に行ったところ、動画を使って「こんな会社になります」と伝える大々的なプレゼンテーションが行われました。

そのプレゼンテーションを見る限り、確かにワクワクするのです。「この会社、とんでもなく成長するんじゃないか？」と、そんな期待を感じさせます。

ところが招集通知に書かれた株主の名前を見ると、役員の名前が1人も載っていません。役員が投資ファンド会社から来ていることがあるとしても、やはり違和感がありま す。疑念が湧いたので、こんな質問をしました。

「先ほど動画を見せてもらい、将来的に非常に期待が持てそうでワクワクしました。ところが招集通知を見ると、それを実現する役員の持ち株がゼロになっています。これはどういうことですか？」

すると全員が答えに窮し、オロオロしながら「いま弊社に赴任したばかりなので、まだ自社の株を買っていませんが、これから買います」などと言いました。おそらく本心は、会社の内情をよくわかっているから買わないのです。

動画にしても、実際にはやっていない事業を、さもやっているかのように説明しているかもしれません。要は、株主の目をそらすための動画です。

こうしたことは質問して初めて気づいたことで、株主総会では社長のみならず役員の言動も、その会社を知るうえで重要なことを物語っています。

こうしたやりとりは、おそらく議事録には残りません。先のシフトの佐々木氏の最後のセリフもそうで、このような感想めいたセリフは、総じて議事録には残りません。

そもそも株主総会では、議事録の作成が義務づけられていても、公開する義務はありません。つまり株主であっても、見る権利はないのです。会社によっては動画を残すところもありますが、極めて稀なケースです。しかも議事録同様、まず見ることはできません。

株主総会でのやりとりを逐一知ろうと思ったら、実際に参加するしかないのです。よく「ヤフー掲示板」で「今日の株主総会で何を話していた？」などとやりとりしている人を見かけますが、私に言わせれば気になるなら自分で行けばいいのです。

行って初めて佐々木氏のような発言を聞くこともできれば、役員らの無責任体質に触れることもでき、投資するうえで大きな判断材料にできるのです。

§社外取締役を務める著名人に会える楽しみ

株主総会では、社外取締役も全員出席が義務づけられています。社外取締役をその世界における著名人が務めることも多く、そうした人たちの言動に触れられるのも、参加する楽しみの1つです。

たとえば小笹が総会に参加したセルソースの社外取締役には、Ｇｏｏｇｌｅ日本法人元社長の村上憲郎氏やファミリーマート（2020年に上場廃止）元社長の澤田貴司氏、日本初の投資信託評価会社を設立した藤沢久美氏など、錚々たるメンバーがいます。

セルソース（4880）は、再生医療関連や化粧品の開発・販売などを行う会社です。私は再生医療について詳しくはないですが、社会的評価の高い3人が社外取締役を務めている時点で、この会社のビジネスや経営陣に魅力があると感じています。

当然、株主総会でも、この3人の出席を楽しみにしていましたが、私が行ったときはコロナ禍ということもあり、残念ながら全員リモートでの参加でした。

それでも何かしら発言を聞きたいと思い、質問の際にお願いしてみましたが、ひと言も発しないうちに終わってしまいました。３人の声を聞きたいと思っていたので、非常にがっかりする株主総会となりました。

社外とはいえ、取締役は株主総会で選任された人たちです。ひと言でも喋ってほしいというのが、株主の気持ちです。著名な社外取締役を抱える会社には、そうした株主の意を酌んでいただきたいところです。

§業界の最新事情の一端がかいま見える

株主総会での社長の発言から、ときに業界の最新事情の一端がかいま見えることもあります。たとえばＡＩアルゴリズム開発などを手掛けるパークシャテクノロジー（３９９３）の株主総会に参加したときは、こんなことがありました。

社長の上野山勝也氏は、日本における人工知能研究の第一人者・東京大学の松尾豊研究室の出身で、ＡＩにも当然、深い見識を持っています。そこで上野山社長に「仲間同士で、いま何が話題になっていますか」と質問してみました。

すると「チャットＧＰＴのようなＡＩです」という答えが返ってきました。「グーグルの人たちが戦々恐々としている。なぜなら、これが普及してしまったら、もう誰も検索しなくなり、広告ビジネスが成り立たなくなる」というのです。

２０２２年11月の話です。案の定、それから３カ月後には、猫も杓子もチャットＧＰＴについて取り上げるほどで、世界中この話題で持ちきりです。株主総会は時代を知るうえでも有益な場であると、あらためて思いました。

もう１つ、データセンターサービスを行うブロードバンドタワー（３７７６）の株主総会でも、同じようなことがありました。今後スマートシティやＡＲ（拡張現実）、ＶＲ（仮想現実）などが普及すると言われます。いずれもデータセンターで膨大なデータを管理することが必要になります。ニュースなどを見ると、ＮＴＴドコモが６Ｇの商用化を数年前倒しするとか、これにＫＤＤＩも乗るなどといった話もあります。

にもかかわらずこの会社では、いまだに「５Ｇイノベーションズ」をうたっています。ブロードバンドタワーは時代とズレ始めているような気がしました。

そこで「外部環境が急速に変わっている中で、御社としてはどのような取り組みを行っているのでしょうか」といった質問をしました。すると技術担当役員の樺澤宏紀氏が出てきて、次のように話してくれました。

「確かにそのとおりです。先ほども待合室で、これからは宇宙にデータセンターができるかもしれない。そのときに問題となるのは消費電力ですね。そんな話をしていました」

次世代に向けての問題意識はしっかり持っているわけで、質問してよかったと思っています。同様の疑問を感じていた他の株主も、樺澤氏の発言を聞けてよかったのではないかと思っています。

§　株主総会後の事業説明会で感じた社長の熱意

株主総会のあと、あらためて事業説明会などを行う会社もあります。この事業説明会が印象的だった会社もあります。メディアフラッグの名で創業し、のちに社名変更したインパクトホールディングスも、そうした会社の１つです。

もともとはスーパーなどで値段をデジタル表示するタグなどのデジタルサイネージと、覆面調査を行う会社でした。それが突然インドでコンビニ事業を始めるという話が会社四季報に載った頃の話です。

あまりに唐突な話で、株価もそこから大暴騰していきました。真意を探ろうと株主総会に出席したところ、福井康夫社長の説明はデジタルサイネージや覆面調査で得た小売りのノウハウを生かして、インドにコンビニエンスストアを出すというものでした。

びっくりしたのは、株主総会が終わると福井社長が壇上から降りてきて、参加者全員に名刺を配りだしたのです。こんな光景を見るのは初めてで、事業にかける熱い思いを感じました。

その後、事業説明会が開かれましたが、これが非常にインパクトのあるものでした。進出にあたり、インドの大手財閥と手を組むという話で、インドは人口が多いだけでなく、まだコンビニが存在していないため、そのマーケット規模はとてつもなく大きいとのことでした。

あとで聞いた話では、インドのコンビニ事業は、その後、二転三転して非常に苦労したようです。一因として、共同開発をもちかけたインドの財閥の娘婿が、突然自殺してしまったことがあります。株価もストップ安にまでなり、さらにコロナ禍も相まって、インドどころではなくなってしまいました。

このときに社名もインパクトホールディングスに変えたのです。その後、ＭＢＯ（経営陣による買収）で株式を非公開にしたので、もう株は持っていませんが、あのときの事業説明会の社長の姿は忘れられません。

ちなみに複眼経済塾でもインパクトホールディングスには、IRを行ってもらったことがあります。その直後にインドのパートナーが自殺したこともあり、塾としても衝撃が大きく、その意味でも忘れられない会社です。

§「またやってくれる」という期待を感じさせる若手社長の体育会系気質

同様に社長が情熱的な方で、一時はどん底まで落ち込みましたが、復活を期待したいのがROBOT HOME〈ロボットホーム〉(1435)です。もとはインベスターズクラウドという社名で「TATERU(タテル)」というアパート経営プラットフォームを運営していました。土地情報を武器に地主にアパート経営を持ちかけ、施工を請け負うといったビジネスモデルです。

創業者の古木大咲社長は当時30代後半と若かったのですが、体育会系的な雰囲気の漂う会社でした。株主総会に行くと、株主も社長への質問を怖がっていた印象でしたが、私としては「彼は何かやってくれる」と感じ、期待していました。

ところがその後、預金残高の改竄や不正融資が発覚して事業停止となり、倒産寸前までいくのです。売上げは20分の1まで落ち、株価も暴落します。それでも社長は経営を続け、現在は累損もすべてなくなり、新たな状態でスタートしています。

若くして天国と地獄の両方を見ているわけで、古木社長の強烈なキャラクターもあって、こういう会社には「またやってくれる」という期待が持てます。これもやはり株主総会で社長を見ているからで、そうでなければ、このような期待は持たないでしょう。

上場したばかりの頃に見た古木社長に、ものすごい迫力を感じたことは確かです。問題となった預金残高の改竄も、社長が体育会気質なので、気の弱い社員がノルマをこなすために思わずやってしまったのではないでしょうか。これでいっきに信頼を失ったにもかかわらず、復活劇を遂げました。

現在運営しているのはＩｏＴを活用した賃貸管理で、言わば賃貸物件のマッチングサイトです。借りたい人と貸したい人をつなぎ、うまくマッチングした賃貸物件を管理し、家賃の5～10％を管理費として受け取る仕組みです。

いわば〝持たない〟系で、管理費を地道に積み上げていくというビジネスモデルです。それまでの不動産売買で大きく収益を得るのとは、真逆のやり方といえます。

ここで思い出すのが、光通信（９４３５）です。ＩＴバブルの時代に携帯電話販売で急成長した光通信の株価は、２０００年2月に24万１０００円という最高値をつけました。ところが3月に入って架空契約疑惑が週刊誌で報じられ、営業利益も赤字に転落したのを機に株価が暴落、今度は20日営業日連続でストップ安になりました。この20日連続は、いまも最長記録として語り継がれています。

その後、光通信は事務機や宅配水などサブスクリプションモデルに業態を転換し、いまはキャッシュフローが潤沢な会社として復活しています。

ロボットホームが運営する「ＴＡＴＥＲＵ」も、マッチングがうまくいけば、その後、安定して管理費が入ってきます。契約件数が増えるほどキャッシュが積み上がるという確実なビジネスモデルに転換した点で、両者はとても似ています。

§ ロボットホームと光通信の共通点

光通信の創業者・重田康光氏はマスコミ嫌いで知られますが、ＩＴバブル時代にソフトバンクの孫正義氏と並び、若手経営者として最も注目を集めていました。当時いずれも販売店に厳しいノルマを課すなど、体育会的なやり方が批判を浴びたりしましたが、逆に「あの会社なら、頑張れば給料がたくさんもらえる」と期待して、野村證券から転職した社員もずいぶんいました。

ソフトバンクに転職した社員も多く、そのうちの1人が、現在SBIホールディングス代表取締役会長兼社長兼CEOを務める北尾吉孝氏です。ソフトバンクに転職後、アメリカの金融機関だったイー・トレードを吸収合併し、野村時代の仲間とSBIホールディングスを立ち上げたのです。

ちなみに光通信の重田氏は現在は社長を退き、代表取締役会長兼CEOになっています。あまりにもマスコミに叩かれたからか、もう株主総会でしか姿を見せなくなっています。株主総会は重田氏に唯一会える、重要な場となっています。

その株主総会で光通信は、昨年、来場者へのお土産をいち早く復活させています。近年の株主総会はコロナ禍もあり、お土産を中止する方向に向かっていますが、同社総会では高級和菓子や「過去最高益」というシールが貼られたミネラルウォーターが配布されていました。株主からのリクエストで復活させたとのことですが、自分たちの意思を明確にし、長いものに巻かれることをよしとしない社風が伝わってきました。

社員の平均勤続年数は約5年と短く、そのことを質疑応答で尋ねると「長くしようということを意識はしていない。能力の低い人が長くいてもいけない」といった回答でした。この割り切り方も面白いと感じます。

株主総会後に行われた説明会にも参加したところ、いまだ重田氏の影響力が大きいこともわかりました。説明会には重田氏の参加はなく、すると会のトーンがまったく違うのです。

いずれも議長は現社長の和田英明氏ですが、株主総会では非常に言葉を選んでいる様子だったのに対し、説明会は非常にのびのびと自由に話していました。いまも光通信の大株主である重田氏から、かなり大きな期待を寄せられているのでしょう。

同社は「投資の神様」で知られるウォーレン・バフェット氏の投資法や彼が経営するバークシャー・ハサウェイ（BRKA）のビジネスモデルもかなり研究したようです。バリュー株投資を基本に据える現在の投資行動はバフェット氏とも重なる部分があります。バフェット氏の投資法は、保険会社で稼いだお金を投資に回すというものです。

いまの光通信もサブスクモデルのビジネスでキャッシュを稼ぎ、その収益の多くを、株式投資に回しています。日本のさまざまな会社の大株主になっていて、会社四季報の株主情報を見ても光通信の名前が頻繁に出てきます。

同様にサブスクモデルにチェンジしたロボットホームの古木社長も、やはり捲土重来を期しているように思います。これもまた株主総会を通じて直接知っているからこそ思うことで、ただデータを見ているだけでは感じることはできないでしょう。

§「ハレンチ男！」と罵声が飛び交ったゲーム会社の株主総会

株主総会では、ある意味〝珍事〟と言える場面に遭遇することもあります。あるゲーム会社の株主総会では、こんなことがありました。

業績が悪く、株価も暴落している頃、社長が交際相手の女性に妊娠中絶させ、裁判沙汰になっているとマスコミ報道で発覚したのです。そんなタイミングで行われた株主総会で、株主たちはみな社長を叩いてやろうと、手ぐすね引いて待っていました。

そして質問の時間が始まると、最前列にいた高齢男性が「あなたはハレンチな行為をした。このことについて、どう思っているんですか」といった質問をしたのです。

本来は経営と無関係の話なので、こうした質問はすべきではありません。とはいえ株価が暴落している最中の社長のスキャンダルです。誰もが腹を立てていることは確かで、何か言ってやりたい気持ちもわかります。

ここで社長が「私の不徳の致すところです。お騒がせして申し訳ありません」などと謝罪すれば、そのままあっさり終わったでしょう。ところがそうでなく、「ただいまのご質問は本議案と関係ありませんので、お答えできません」と、あまりに杓子定規な発言をしたのです。

これで他の株主たちにも火がつき、「この孕ませ野郎！」「ハレンチ男！」などと次々に罵声を浴びせました。そのたびに社長はマイクの前に立ち、「ただいまの質問は本議案と関係ございませんので……」といった発言を繰り返すのです。

報道によると、社長は初公判の日に「業務上の都合」という理由で欠席したようです。そのことを指摘して「訴えられているのに、公判に出るよりも大事な仕事は何なんですか。教えてください」などと言う人もいました。

やがては社外取締役だった大学教授に対しても、「あなたは社外で何を取り締まっていたんですか！　仕事をしてるんですか！」などと言う人も出るなど、場内は荒れに荒れました。

このようなとき、社長がどう対応するかは大きく2通りあります。1つはこれに懲りて心を入れ替え、会社自体も変わる。もう1つは、ただ「うるさい奴らだ」と思うだけで謝罪せずその場をやり過ごす。

このときは、残念ながら後者でした。最後まで杓子定規な対応で、時間が来ると「これで終わります」と、お開きにしてしまいました。

大荒れする前には「我々は若者たちに向けて、このようなＩＴ教育も行っています」などと前向きな話をしていましたが、その後に「ハレンチ男だ、何だ」と言われたことで、好感できる話はすべて吹き飛んでしまいました。

あれほど荒れた株主総会は、後にも先にもあれしかありません。こんな貴重な経験は、もう2度とないでしょう。

いまも社長は代わらず、結果的に逃げきった形になりましたが、株価は暴落し、業績も長く低迷が続きました。「メタバース（仮想空間）」というキーワードが出てきた頃から復活してきたようにも見えますが、株価は低迷が続いています。

２０２２年の株主総会に小笹が出席すると、コロナ禍対策ということで壇上に衝立が置かれ、会場にいる社外取締役の姿を確認することはできませんでした。また、会場参加しても質問は口頭でなくスマホに文言を入力することでしかすることができず、満足できません。しかも23年から株主総会は仮想空間のみ（ヴァーチャルオンリー）で行うという話で、これは逃げでしょう。社長である限り株主総会では、きちんと顔を出して株主と対面で接していただきたいと思います。

§コロナ禍の株主総会で誠意を感じた2つの会社

コロナ禍で行われた株主総会では感染防止対策の名のもと、オンライン会議をはじめ、従来とは違うやり方で行われるケースも少なくありませんでした。開催時間を短縮するため、質問「１人１問」に限るというのも、その１つです。「質問も株主総会における醍醐味の１つ」と考える複眼経済塾にとって、物足りなさを感じることもしばしばですが、そうした中、終了後に社長が説明に来てくれた会社もありました。小笹が参加した半導体デバイスの測定器などの製造・販売会社テセック（６３３７）です。

通常、株主総会が終わると、経営陣はすぐに新たに選任された取締役を交えた取締役会を開きます。おそらく社長の田中賢治氏は、取締役会の開始を遅らせて、わざわざ来てくれたのでしょう。

株主総会では、議長である社長から「コロナ禍なので質問は1人1問で短く終わりたいと思いますが、それでいいですか？」といった発言がありました。そこで手を挙げて「それでは総会時間よりも、出席のための往復時間のほうが長くなるので困ります」と発言したところ、「動議ですか？」と聞かれました。

「いいえ、動議ではなく意見です」と答えると、そのまま「1人1問」が通ってしまいました。1問しかできず、残念な思いで帰ろうとしたところ、社長が3階の会場から1階まで私を追いかけて降りてきてくれたのです。会社の廊下で、立ってお話を聞くことができ、結果として満足いく株主総会になりました。

また社長ではなく、IRや採用担当者が丁寧に説明してくれた会社もあります。小笹が参加した半導体工場のシステム運用や管理などを行うティアンドエス（4055）です。

この会社でも議長である社長が、コロナ禍対策で質問は1人1回にしたいと提案しました。このときも残念な思いで帰りかけましたが、終了後にIR担当者と採用担当者が、会場に残っていた3人の個人株主に対し、いろいろ回答してくれたのです。

テセックもティアンドエスも、日本が復活をかける半導体産業で、なくてはならないプレーヤーです。そのどちらもが、コロナ禍でもできるだけよい株主対応をしたいという思いがあるのでしょう。

終了後、会社の誠意に触れることができ、やはり参加してよかった株主総会となりました。

§株主総会後に社長と交流が生まれた岡野バルブ製造

株主総会をきっかけに、その会社との交流が深まることもあります。北九州市にある岡野バルブ製造（6492）も、そうした会社の1つです。沸騰水型原子力発電所のバルブで圧倒的に強い同社ですが、東日本大震災以降、原発が止まったことから厳しい時代が続いていました。

原発再稼働の動きが高まりだす中、30代で社長を引き継ぎ3年目になる5代目の岡野武治氏が、どのような考えでいるか。そんなことを知りたくて2023年の株主総会に小笹が参加しました。

総会後S-TOKYOでのイベントに誘ってくれた岡野武治社長

株主総会が開かれた本社は古い3階建てのビルで、現金は潤沢にある会社なのにエレベーターは故障中、倹約を徹底しているのでしょう。階段をスーツケースを持って上ろうとしたところ、社員の方が手伝ってくれようとしましたが、さすがにそれは断りました。

総会が始まり、まず気になったのが役員が3列に並んでいたことです。これでは後方の選任される役員の顔が見られません。そのことを指摘しつつ、岡野社長に新規事業というと製造業DXソリューション事業や、さびれていく北九州市への地域貢献、3年目に入る新社長の抱負について質問しました。

東京から北九州市まで出向いたのだから、こちらもなるべく「株主総会から得られるものが多くあった」という印象を持ちたいわけです。すると岡野社長も心を開いて、いま東京と沖縄にあるイノベーション拠点を、本社のある北九州市門司区にもつくりたいと話してくれました。

そして終了から30分後、岡野社長からＳＮＳで友だち申請が来たのです。さらに１カ月後、東京のイノベーション拠点Ｓ―ＴＯＫＹＯで開催するイベントの案内も送られてきました。

岡野バルブ製造は、クアンドという製造業のＤＸ化を図る未上場の企業と資本業務提携しています。その両者の社長がパネリストとして出演するイベントで、これに参加することもでき、岡野バルブ製造の未来を展望するうえで大いに参考になりました。

§株主総会へのお礼のハガキに返信をくれたオリコンの小池社長

株主総会への参加だけでなく、参加後の会社や社長の対応に感動することもあります。たとえば弊塾の小笹は、株主総会に出席したらお礼のハガキを出しています。

これは「日本のバフェット」と呼ばれた、投資家の竹田和平氏に倣ったものです。竹田氏は株式会社から配当をもらうと、必ずお礼の手紙を書いていました。同じことを株主総会へのお礼で行うというものです。そしてそれを受けた会社は、さまざまな対応を見せます。

そうした中、小笹が感動的な思い出として述べているのが、顧客満足度調査などで知られるオリコン（４８００）にハガキを出したときです。株主総会で適正なＲＯＥの水準や現預金の使い方について質問し、誠実に答えてくれたことへのお礼を書いたところ、小池恒社長から「おかげさまで質問も多く充実した総会になりました。感謝しています。是非またお越しください」などと書かれた返事が封書で来たのです。

改めて調べるとオリコンは、株主総会に力を入れている会社であるとわかりました。昨年の株主総会は六本木の高級ホテルで開催し、開場時間より早く来た株主には、専用の待機部屋も準備してあります。コーヒーなどを飲んで待つこともでき、できる限り株主をもてなそうという考えの会社なのです。

株主総会ではたくさんの質問が出ましたが、小池社長はいずれにも誠実に答えられ、終わり方も印象的だったそうです。株主総会では閉会後、役員が先に出るのが一般的ですが、このときの株主総会は役員が株主を全員見送るという進行でした。

またインタビュー記事を読むと、小池社長はメディアへの露出を避けているとのことでした。オリコンの創業者である父がサービス精神旺盛な人で、メディアへの露出を非常に重視していた。その結果、会社に歪みが生じたことを反省点と捉え、陰でうまく支える人間になりたいと考えているそうです。そのため小池社長は、公の場に出ることはほとんどありません。

オリコンといえば、幼い頃、歌謡曲ランキングに釘付けになった私たちの世代には極めてブランド力のある会社です。その社長が総会に出てきて、質問すればいくらでも答えてくれるのは、まさに株主冥利です。

帰るときも小池社長と挨拶し、お礼のハガキを出したら返事が来た。こういう会社の株は簡単には売れないと、小笹は語っていました。

§「集中日」に参加できなかった会社から来た、お詫びの連絡

株主総会には「集中日」と呼ばれる日があります。日本では3月末を決算日にする会社が多く、株主総会は事業年度の終了後3カ月以内に開催するのが基本です。そこで6月に

開催するケースが多く、なかでも6月の最後の平日の前日に、開催日が集中します。これが株主総会における集中日です。

招集通知を何通も持っていても、体は1つです。集中日に開催する会社の株主総会は、午前と午後を合わせても2社しか出席できません。

たとえば20社の株主総会が集中日に行われた場合、20社の株主総会に行く権利があっても、大半は会場で権利を行使できないわけです。

これについて昔から不満を持つ株主も多く、小笹もその旨を会社に伝えたりしています。するとその中の1社、日本マイクロニクス（6871）から返事が来たそうです。

小笹が伝えたのは、概ね以下のような内容です。

「昨日、議決権行使のハガキを投函しました。本当であれば総会に伺いたかったのですが、集中日の午前中ということで他の会社の総会もあり、調整できませんでした。ぜひ来年以降は他社と調整してもらいながら、集中日を避けていただいたり、時間帯を午後や夜に開催してもらえたら嬉しいです」

これに対し、以下の返事が来ました。

「弊社総会の件、承知いたしました。

ちょうど同日に総会が開催される企業が多いようですね。傾向も承知しているのですが、弊社総会の開催場所を早い段階で押さえてしまう関係もあり、ご意向に添えないかもしれませんが、できうる限り意識して取り組んでゆきたいと思います。小笹様の弊社へのご興味の強さ、思い、ご意見を頂き感じております。

本当にありがとうございました」

こんな応対をしてくれれば、やはりこの会社のファンになります。ここもまた長期で保有したい会社になったと、小笹は苦笑していました。

第3章

株主総会を10倍楽しむための株の買い方

§ 1万円でも株主総会に出る権利は買える

1章でも述べたように、同じ株を買うなら株主の権利である株主総会に出ることで投資は10倍楽しめるようになります。本章では、どのような株を買えば、より株主総会を楽しむことができるかをお伝えしていきます。

まず基本として覚えていただきたいのが、株主総会に出るには「権利確定日」に株主名簿に記載されていることが条件になるということです。つまり株を買い、たんに株主になっているだけでは、株主総会には出られないのです。

権利確定日とは、概ね決算期の最後の平日を指します。ここで注意したいのは、この日に株を買っても株主名簿には載らないため、株主総会に出る権利を得られないということです。

株主名簿に記載されるには、権利確定日の2営業日前までに株を買っておく必要があります。この日を「権利付最終日」といいます。ほんの数日の違いですが、ここを誤解しているとせっかく株主になったのに招集通知が来ず、株主総会に出られないことになってしまいます。

たとえば最も多い3月決算の会社の場合、3月の最後の平日の2営業日前が、権利付最終日です。2023年は3月31日が確定日だったので、29日が権利付最終日となり、この日までに買う必要があったということです。

2024年でいえば、3月29日が確定日なので、27日までに買えば、およそ3カ月後に開かれる株主総会に参加する権利を得られます。

「平日の2営業日」ということにも注意が必要です。たとえば権利確定日が月曜日の場合、株主名簿に載るには前の週の木曜日までに買っておく必要があります。金曜日に買ったのでは、さらに次の年にならないと株主総会に出られません。

ちなみに株主名簿に記載されれば株主総会に出られるほか、企業によっては配当や株主優待を受けることもできます。そこで配当や株主優待が目当ての人の中には、権利付最終日に株を買い、翌日に株を売ってしまう人もいます。この場合、実質上は株主でなくても、数カ月後に株主優待の特典が得られたり、配当を受け取ることができます。

株主総会も同じで、権利付最終日の翌日に株を売っても、やはり株主総会に出ることはできます。とはいえ参加する目的が、その会社に投資すべきかを判断するためと考えるなら、やはり株主総会が終わるまでは持っているのがマナーでしょう。

株主総会に参加して、社長の人柄や会社の風土などに直接接する。そのうえで「この会社を応援したい」という気持ちにならなければ、売却すればいいのです。

そしてもう1つ、基本的な話として覚えておきたいのが「最低購入単位」です。最低購入単位とは、株主としての権利を得るための単位です。株式の最低購入単位は100株です。

株の買い方には、「ミニ株」と呼ばれる1株単位で買う方法もあります。ただし1株や10株だけ保有しても、株主総会に出る権利は得られません。1株が1000円の株なら、1000円×100株＝10万円分購入して、初めて株主総会に出ることができます。ファーストリテイリングのような、1株が3万円前後の株なら、300万円出して初めて株主総会に出られるのです。

最低購入額は、会社四季報にも書かれています。それぞれの会社情報を記載したページの右上の囲み欄にある時点の価格が記されているので、ここを見ればわかるようになっています。

§保有する銘柄は20銘柄を目標に

前項で述べたように、株式を100株持っていれば、その会社の株主総会に出る権利がもらえます。この100株は、さほど高いハードルではありません。会社四季報などを見ればわかるように、多くの上場企業では5万円から50万円ほどあれば100株買うことができます。

金額で買う銘柄を決める場合は、会社四季報オンラインのスクリーニング機能を使うと便利です。有料会員になると「10万円以下で買える優良銘柄」といった特集から選ぶこともできます。また「新規作成」タブを使って、「5万円以下」などと自分で条件を設定することもできます。

極端な話、上場会社でありながら株価が10円以下の会社もあります。10円の会社なら10円×100株＝1000円で株主総会に出る権利を得られるわけです。株価の値上がりを期待するなら、このような株を買うのは一考を要しますが、試しに株主総会を覗きたいだけなら、こんな選び方もあるかもしれません。

これは投資予算を50万円と考えている人の場合、最低購入金額が10万円程度の株なら5銘柄買うことができるということです。50万円を5社に分散投資できるのです。

一般に株式投資では、リスクを避けるために分散投資が基本と言われます。購入する銘柄が1つの場合、当たった場合は大変な利益を得られますが、外したときのダメージも大きくなるからです。

たとえば50万円出して買った銘柄がテンバガー、つまり10倍になれば、500万円になりますが、倒産すれば0になります。これが分散投資なら1つが0になっても、他の銘柄は残ります。

どの程度に分散すればいいかというと、複眼経営塾では20銘柄に分散することをお勧めしています。これなら1社が倒産しても、ダメージは5％ですみます。一方でテンバガーが出れば、他の銘柄が上がらなくても十分な利益を得られます。

テンバガーは無理でも、株価が2倍3倍になるケースは、とくに中小型株では少なくありません。そうした銘柄に出会うためにも、20銘柄ぐらいに分散したほうがいいという考えです。

最低購入価格を10万～30万円の中で考えれば、かなり広い銘柄から選ぶことができます。１銘柄の平均を20万円とすれば、４００万円の予算で、かなりバランスのよい分散投資ができるでしょう。ただし４００万円が厳しいという場合、最初は10銘柄に絞って予算２００万円から始めるのも１つです。

§赤ちゃんでも株主総会に出られる！

株主総会に参加するうえで、年齢は関係ありません。株主名簿に記載されていることが唯一の条件なので、この条件さえ満たせば、何歳でも参加できます。

これは小学生でも、株主でさえあれば参加できるということです。未成年は株を買えないと思っている人もいるようですが、株の購入に年齢制限はありません。証券会社に口座さえ持っていれば、年齢に関係なく買うことができます。

実際のところ、高校生になる私の息子も株を持っています。中学1年のときに勉強を兼ねて証券口座をつくり、30万円を元手に現在は4銘柄を運用しています。

つまり4つの会社の株主であり、これらの会社の株主総会に参加する権利があるのです。実際、複眼経済塾の塾生には親子で同じ銘柄の株を持ち、一緒に株主総会に参加している人もいます。

アメリカではこのようなケースは珍しくなく、親子で株主総会に行く人たちも多いようです。先日小笹は、不動産の価値創造会社いちご（２３３７）の株主総会で一列目に陣取る親子を発見、毎年来ているそうです。中学生の娘さんが資料について長谷川拓磨社長に質問したら、スコット・キャロン会長が「私も（リハーサルで）同じことを聞きましたので良い質問です」と褒め、会場は一気に和みました。

ちなみに「子育て中の人が、赤ちゃん連れで株主総会に行ってもいいのか」という議論が昔からあります。これについては、赤ちゃん自身が株主でなければ難しいようです。「株主でない人が総会に出席し議事の審議や決議に参加すれば瑕疵ある決議となり、決議が無効となる」考えがあり、たとえ赤ちゃんでも例外をつくらないほうがいいという考えでしょう。

逆にいえば小学生でも株主であれば、進行の妨げにならない限り、参加していいわけです。その意味で面白い試みをしているのが、出産・育児をサポートするアプリなどを運営しているカラダノート（４０１４）です。この会社では社員に赤ちゃんが生まれると、株をプレゼントするのです。

２０２３年4月から始めたもので、社員の家族を支援するための新たな福利厚生として、佐藤竜也社長が自ら保有する株を赤ちゃんをはじめ、子どもがいる社員に1回限りですが、１００株ずつ贈与しているそうです。

赤ちゃん株主の誕生でもあり、これなら社員が子どもと一緒に株主総会に参加できます。ユニークな試みで、こうした会社が増えてきたら、子ども連れで株主総会に来る人も珍しくなくなるかもしれません。

ちなみに株主総会への参加は、もちろん国籍も問いません。株式投資する日本人には、投資の神様ウォーレン・バフェットに会うため、バフェット氏が会長兼ＣＥＯを務めるバークシャー・ハサウェイの株を買い、アメリカで開催される株主総会に参加する人もいます。まさに株主だからこその楽しみと言えます。

§銘柄選びの入り口は自分にとって身近な株

ところで、銘柄の選び方は、すでに述べた「株価で決める」というものもありますが、入門編として最もお勧めしたいのは「身近な会社の株を買う」というものです。

たとえば私の家族の場合、妻はマヨネーズをはじめキユーピー（２８０９）の商品が好きで、キユーピーの株を持っています。息子も証券会社の口座を開いたとき、まだ会社をよく知らなかったこともあり、自分が好きなゲームに関連してスマホゲームの情報サイトを運営する会社の株を買いました。自分にとって身近な会社なら、株主総会に参加するにしても、それだけ関心度が高まります。

私の場合、エンターテインメント企業のエイベックス（７８６０）の株を持っていたことがあります。小室哲哉や浜崎あゆみなどが全盛時代の話で、エイベックスでは毎年、所属アーティストらが出演する、株主限定のライブを行っていたからです。

とくにその年は、創業20周年ということもあり、さいたまスーパーアリーナで行われました。そんなところで株主総会を実施する会社など聞いたこともなく、ぜひ参加したいと思い、株主になったのです。

この日の株主総会は会場の周囲にぐるりと長蛇の列ができ、大変な賑わいでした。若者も大勢いて、やはりライブ目的で株を買ったのでしょう。

松浦勝人社長の進行のもとで株主総会が終わると、限定ライブが始まりました。ＥＸＩＬＥやＴＲＦ、安室奈美恵、倖田來未、槇原敬之、大塚愛など錚々たるアーティストが12

組も登場する本格的なコンサートで、これも印象深い株主総会の1つです。

エイベックスは一時、株主総会後の限定ライブを中止していましたが、現在また復活しています。このような会社の株を持つのも、選び方の1つです。

身近な会社の株を買うことは、社会や時代について学ぶきっかけにもなります。常日頃から自分が好きなものについて、「それを実施している会社はどこか」と考える習慣がつくようになるからです。

これを複眼経済塾では「気づき」と呼んでいます。我々は自分たちが受けているサービスや購入している商品について、その背後にいる会社のことまで、なかなか考えが至りません。そこを一歩踏み込んで、「これはどこがやっているんだろう?」と考えるようにするのです。

これを続けていると、お金の使い方も変わってきます。「本当にここにお金を払ってもいいのだろうか」という視点を、日頃から持てるようになります。

少し関心を持って見渡せば、周囲にさまざまな上場企業があることがわかります。たとえば子どもが通っている塾も、上場企業が運営しているケースが少なくありません。代々木ゼミナールやSAPIX（サピックス）は違いますが、東進ハイスクールや四谷大塚を運営するナガセ（９７３３）、早稲田アカデミー（４７１８）は上場企業です。

また、株主優待で探す方法もあります。株主優待は元将棋棋士の桐谷広人氏が積極的に活用していることで有名ですが、飲食や小売、サービスなど個人向け事業を展開する会社では、自社の商品やサービスの優待券などを配るところが少なくありません。そうでない会社でも、ＱＵＯカードなど商品券を配るところは少なくありません。

また意外に多いのが、地元の農家さんがつくるお米を送る会社です。そこから複眼経済塾の塾生の中には、株主優待でお米を送ってくれる会社を探し、株主になっている人もいます。

自己資本利益率を意味するＲＯＥ（リターン・オン・エクイティ）をもじって「ライス・オン・エクイティ」と称し、サイト情報などを見ながら「1月に送ってくれる会社はここ」「2月に送ってくれる会社はここ」などと毎月お米が届くシステムをつくっています。アイデアしだいで、ほかにもいろいろな楽しみ方があると思います。

会社四季報には株主優待の一覧もあり、こちらも参考になります。

§株主総会に毎月出たいなら決算日に注目する

株主総会にできるだけ参加したいなら、決算日で選ぶのも１つです。すでに述べたように企業の決算時期は３月に集中し、上場企業全体の７割を占めます。３月決算の会社の場合、株主総会の多くは６月の開催となります。

たとえば20銘柄持っていれば、14社が６月に集中することになるわけです。これだと開催日が重なってしまい、出席できない会社も出てきます。逆に、決算日が３月の会社を避ければ、それだけ多くの株主総会に出席しやすくなります。

上場企業の数は、約３９００社あります。３月以外が決算の残り会社が３割しかなくても、数でいえば１０００社以上になります。

「どの月に、どの会社が決算月」かも、会社四季報オンラインのスクリーニング機能で調べることができます。たとえばスクリーニング条件を「決算期今期予」にして「２０２３１０」と入力すれば、２０２３年10月が決算月の企業の一覧が出てきます。

株主総会は、概ね決算月の３カ月後の中旬から下旬の午前中に行われます。この時期に行けそうか、自分のスケジュールと照らし合わせながら会社を選べばいいわけです。

株主総会の予定日は、ウェブで調べることもできます。たとえば分析ツールの「IR BANK」では株主総会のスケジュールも紹介していて、前年と今年の開催予定を見ることができます。

どの会社も株主総会の開催日は概ね前年を踏襲するので、前年しかわからなくても、どの月のいつ頃に開催するかは、ほぼ推測できます。より正確な情報を知りたければ、その会社のサイトで確認することもできます。

ホテルなど会場を借りて株主総会を行う会社の場合、多くは1年ぐらい前から開催日を決めて、会場を押さえているはずです。サイトを見てもわからない場合、メールなどで企業に直接問い合わせれば、答えてくれる可能性もあります。

§〝デビュー戦〟に参加できる会社の見つけ方

株主総会を楽しむ意味では、2章で述べたように〝デビュー戦〟に参加できる会社の株もお勧めです。つまり上場して約1年の会社です。

これは必然的に、新しい分野にチャレンジする企業を見ることにもなります。上場したばかりの会社は、総じて新しい産業に携わる会社です。新しいからといって必ずしも将来的に残るとは限りませんが、大化けする可能性が高いことも確かです。そんな会社の社長は魅力的な人が多く、その意味でもお勧めです。

ソフトバンクもファーストリテイリングも、いまでこそ大企業ですが、上場したての頃は、いまほど注目されていませんでした。ニトリに至っては本社が北海道で、上場したのは札幌証券取引所です。そもそも買い手がほとんどなく、取引が成立しないことも多々ありました。

そう考えると大半の人は見る目がなく、みんな大きくなってから、人気企業に注目するのです。マイナビ・日経の調査では2024年卒の大学生就職企業人気ランキングで文系総合の1位はニトリホールディングス（9843）ですが、ランキング1位になってから買ったのでは遅すぎます。

私自身、もし人生をやり直せるなら、ファーストリテイリングやソフトバンクが上場するタイミングでIPO（新規公開株）を買い、デビュー戦に参加して当時の柳井正社長や孫正義社長が何を言うか聞いてみたいです。

会社四季報には最新上場会社の情報も出ています。また会社四季報オンラインでたとえば「2022年6月以降」などと検索すれば、上場したばかりの会社が出てきます。また「やさしいIPO株のはじめ方」というサイトには、最新のIPOスケジュールが掲載されていて、ここから探すこともできます。

ただしIPO株を買うときに注意したいのは、公開直後は価格が実態以上に高いケースが多いということです。最初に大変な高値をつけて、以後どんどん下がる会社も少なくありません。

公開直後の株は、ベンチャーキャピタルが入っていることが少なくありません。ベンチャーキャピタルの場合、公開直後の株を売ることが制限されています。ロックアップと呼ばれるもので、制限が解かれるのは概ね半年後です。彼らが売り出すため、半年後から下がりだすのです。

そう考えると新規上場した会社の株は、公開から半年ほど経ってから買うのがお勧めです。業界では有名だったとある凄腕ファンドマネージャーは、日本経済新聞のインタビューで「上場後、半年以降しか買わない」といった発言をされていました。半年間、事業内容を見たり、株価が落ち着くのを待ってから判断するとのことで、私も理に適っていると思います。

株主総会に参加する権利、つまり権利確定日は開催日の3カ月ほど前なので、上場から半年ほど様子を見ても、十分間に合います。

またロックアップ期間は銘柄によって異なり、これも「やさしいＩＰＯ株のはじめ方」で見ることができます。株主構成と一緒にロックアップ期間も書かれているので、これも買う時期を考えるうえで参考になります。

§ テンバガーを狙うなら5年以内が狙い目

株主総会のデビュー戦を狙う場合、上場して1年以内の会社を探す必要がありますが、デビュー戦にこだわらないなら、上場5年以内の会社から探すのも1つです。上場5年以内の会社から、テンバガーが出やすいのです。

たとえばファーストリテイリングの場合、１９９４年に上場して数年は株価が上がらず、１９９８年には１０５０円という最安値をつけます。ところがここから急激に上がりだし、２０２１年に11万５０００円という最高値をつけるのです。分割考慮すると、じつに

420倍の値上がりで、3万円前後で推移している現在でも360倍です。

ソフトバンクも、1994年の上場後、半年ほどして最安値をつけますが、そこから400倍に上がります。

どこで上がりだすかは幅がありますが、上場したての会社の場合、おおまかにいって5年以内です。この時期の株は大化けする可能性が高く、社長も魅力的なケースが多いのです。

§大会社でも面白い会社はある

社長の熱意という意味では、デビュー戦や上場まもない会社のほうが感じる機会が多いですが、大会社でもリーダーシップを感じる社長に出会うケースはあります。大会社でも挑戦している会社、変化しようとしている会社は、やはり社長から熱意を感じます。

2023年2月に行われたキユーピーの株主総会も、そうしたケースの1つでした。弊塾の小笹が参加しました。キユーピーの髙宮満社長は、いわゆるサラリーマン社長ですが、研究開発本部長を務めるなど、R&D（研究開発）畑から出てきた人です。

一般に会社は創業者社長のほうが個性的な人が多く、チャレンジする傾向が強いと言われます。会社に長年務めた人が出世して社長になる、いわゆるサラリーマン社長の場合、守りに入ることが多く、大きな失敗もしないけれど、大きなチャレンジもしないとされがちです。またサラリーマン社長は、営業出身者が務めることが多い傾向にあります。

もちろん例外も多く、とくに営業以外の分野から出てきたサラリーマン社長で会社を大きく変えるケースが多いように思います。髙宮社長もそうした1人で、実際キユーピーでは動物性の材料を使わない「代替卵」を積極的にアピールするなど、新事業への取り組みに意欲的です。

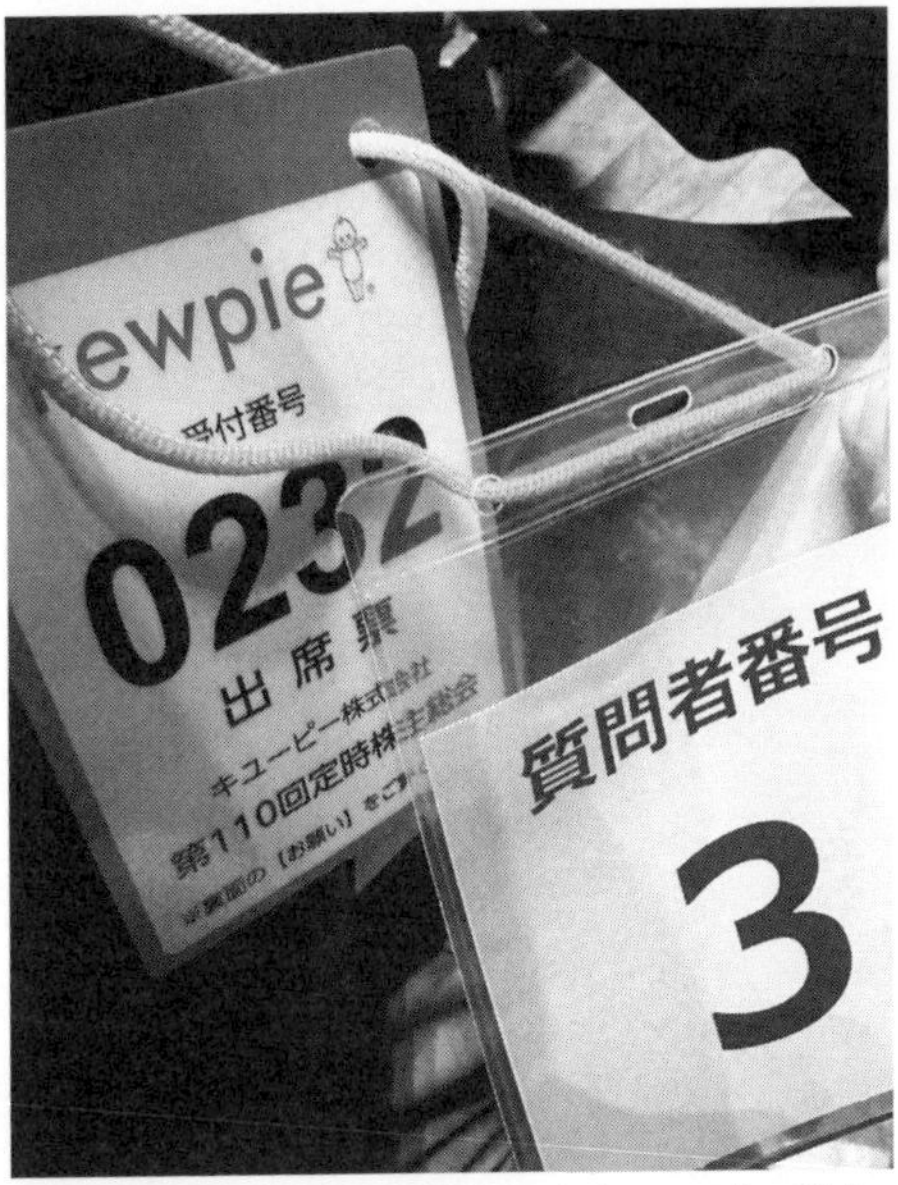

東京国際フォーラムで開かれたキユーピー総会。質問希望者は入場後、フルネームを記して整理券をもらう必要がある

株主総会の事業報告で知ったのですが、キユーピーは日本の卵の生産量の約10％を使ってい

るそうです。昨今の卵の高騰もあり、コスト削減という意味からも興味深い取り組みのように感じます。

またキユーピーのマヨネーズは、いまアメリカで非常に人気があるそうです。一般にマヨネーズは全卵を使ってつくりますが、キユーピーは白身は使いません。卵黄だけでつくり、そこから生まれるコクのあるおいしさがアメリカ人にウケているという話でした。

アメリカで新工場を建設する予定もあるそうで、さまざまな刺激的な話を聞きました。株主総会を楽しめる大会社も、じつはたくさんあるのです。

社長の熱意という話でもう1つ思い出すのが、新潟県燕市にある遠藤製作所（7841）です。1947年創業の老舗企業で、ゴルフクラブヘッドの製造などで知られています。創業者の遠藤栄松氏が長く社長を務め、その後サラリーマン社長が後を継ぐのですが、もの足らないと思ったのか、すでに80代になっていた遠藤氏が再び社長に戻ることになったのです。

このときの株主総会にも参加したのですが、遠藤氏は年齢にたがわず、ものすごくエネルギッシュな方でした。株主総会で熱弁をふるう様子を見て、この人なら80代でもまだまだ期待できると思ったものです。

その意味では、社長の年齢も関係ありません。やはり挑戦する会社、日々変わろうとする会社の株主総会は面白いのです。

§株主総会で壮大な夢を語った楽天の三木谷氏

小笹が参加した、2023年3月に行われた楽天グループの株主総会は、見応えがあったとのことです。三木谷浩史氏が1997年に創業した楽天は、いまや売上げが2兆円の大企業に成長しています。それでも三木谷氏の魅力や個性が会社を牽引していることを強く実感したと、小笹は述べていました。

もっかの楽天グループは、携帯電話事業で累計1000億円の赤字を出しているので、総会で株主から楽天モバイルのあり方について、文句を言われることは明らかです。それでも三木谷氏は500人は入れそうな大ホールを借りて議長として壇上に立って現状を説明し、「経営責任はないのか！」といった厳しい質問にも、きちんと回答していたそうです。

携帯事業からの撤退を促す声にも、「楽天モバイルを続けることが将来の成長に繋がり

集中日に開かれた楽天2023年総会

ます。あと一歩のところまで来ているので続けさせてほしい」などと熱く語っていて、小笹は感じるところがあったと言っています。

三木谷氏によると、楽天モバイルを使う人は楽天グループへのロイヤリティが高まり、楽天グループで使うお金が増えるそうです。これは実際に証明されている話で、すでに効果も現れているから、このまま続けさせてほしいというのです。

しかも今後はスペースXのイーロン・マスクCEOの協力を仰ぎ、衛星携帯電話事業にも進出していくそうです。そうすれば電波がまったく届かなかった、山奥などでも使えるようになります。

現在の接続率は98・7%程度ですが、99・

2％ぐらいになると業界地図は大きく変わり、「そこまであと一歩」などと繰り返し語っていました。

インフラ整備はほぼ終わり、あと一歩でサービスをきちんと提供できる状況まで来ているそうです。楽天のシステムは同業他社ほどハードウェアに依存しない通信システムなので、インフラが不十分なアフリカなどでも比較的ローコストで普及させられる。その交渉を始めているという話もありました。

衛星電話は以前、アメリカの携帯電話会社モトローラが始めた、イリジウム衛星を使ったものが話題になりました。同じようなものを、もっと安い値段で、世界中の人に提供できるというのです。そんな壮大な夢を語る三木谷氏を、小笹は改めて魅力的な人物と感じたようです。

複眼経済塾塾頭のエミン・ユルマズは株式投資について、「突き詰めると創業者の夢をシェアすること」と述べています。だから小笹は、三木谷氏の熱い思いに触れ、壮大な夢を間近で語られ、「一緒に頑張りましょう」という気持ちになったのでしょう。その意味では会社の規模に関係なく、夢を持つ社長の会社は面白いのです。

§旅行も一緒に楽しむ「投資ツーリズム」の勧め

「楽しむ」という意味では、地方に本社がある会社の株もお勧めです。複眼経済塾で「投資ツーリズム」と呼んでいるもので、株主総会と旅行を一緒に楽しむのです。

地方に本社がある会社は、その地域に根ざしながら事業に取り組んでいます。そう考えるなら株主もそこに出向き、その土地の空気や文化に触れたり、おいしいものを食べたりして、その地域への理解も深めようという考え方です。

都会で暮らす株主が地方を訪れ、その地域を応援すれば、土地の地方創生にもつながります。複眼経済塾には塾生が１２００人いますから、みんなで好きな地方の会社の株を買い、それぞれが地方に出向いて株主総会に出るのです。

地方にも独自の技術を持つなどして、大きな成長が見込める会社はたくさんあります。株主総会のために地方へ行くのは面倒くさいと思う人も、ちょっとしたプチ旅行を楽しもうと考えればいいのです。

たとえば鳥取市にある、フェライトコアやコイルなどを製造・販売するトミタ電機（6

898）の株主総会に参加したときは、前日に市内に入り市内観光も楽しみました。当時の鳥取県は日本で唯一スターバックスが出店していない県で、鳥取砂丘を捩って「スタバはないがスナバ（砂場）がある」というキャッチコピーで話題になっていました。対抗して「すなば珈琲」というカフェがあり、私もここに行きました。
また私は神社検定2級を持っていて、神社巡りは趣味の1つです。近くの一宮である宇倍神社に参拝し、鳥取城跡も見てきました。

同時にトミタ電機の工場も外から見てきました。上場企業とは思えないかなりさびれた感じの建物で、株主総会ではどのような社長が出てくるのか、いっそう興味が湧きました。

このときの大きな議案は、社長をはじめ役員報酬を決めるというものでしたが、驚いたのが金額の低さです。当時の業績はよいとは言えませんでしたが、総資産と比較すると、あまりにも低いのです。

トミタ電機は総資産が多く、これは土地や工場などを多く持っていることがあります。資産が多いこともあり、「いまは厳しいけれど、頑張れば乗り切れる」といった思いがあるように感じました。

見栄を張って、立派な工場をつくるわけでもない。この資産の大きさと報酬を下げてでも頑張ろうという意気込みを見て、きっかけさえあれば株価も上がってくると感じました。

実際しばらくすると、この会社がつくるフェライトコアが注目を集めたこともあり、株価が上がってきました。やはり実際に工場を見ていたから、会社のポテンシャルを信じられたのだと思います。

観光も株主総会もいい体験ができた、楽しい鳥取行きになりました。

§神戸本店と株主総会から感じたスタジオアタオのビジネスモデル

地方に本社がある小売業の場合、1号店や旗艦店を見ることで、東京にいたのではわからない、その会社の本質に気づくこともあります。神戸市に本社を置くスタジオアタオ（3550）もそうでした。

バッグや財布など革小物の製造・販売を行う会社で、もともとは知人女性から「このブランドはいい」と勧められた会社です。

すでに新宿などに進出していましたが、当時は5店舗程度で、投資対象として判断に迷うところがありました。それでもメイド・イン・ジャパンを応援したい気持ちもあり、またテンバガーになるのではという期待もあり、とりあえず株を買って株主総会に出ることにしたのです。同時に、神戸にある旗艦店も見に行くことにしたのです。

まず旗艦店に行くと、さほど人がいる印象はありませんでした。財布などはハンドメイドで、すごく手間がかかっていることはわかります。とはいえ私の感性では、知人が言うようなよさがわからず、若い女性受けするブランドなのかと思いました。

続いて株主総会に行くと、この会社の目指すところが見えてきた気がしました。もともと社長の瀬尾訓弘氏は、ＩＲに顔を出さないことで有名でした。株主総会への参加は瀬尾社長の顔を見てみたいという気持ちもありました。

株主総会で瀬尾社長は「今年からＩＲも積極的にやっていきます」と語っていました。ただ現実には、いま以上にＩＲを入れるのは厳しい気がしました。株主総会も最少人数で行っている印象で、おそらく商品づくりにコストがかかるため、ＩＲまで人を回せないのでしょう。

いわば一定層のファンを大事にすることを第一と考える会社で、急成長を見込める会社ではないように感じました。瀬尾社長は「品質を大事にして、値下げはいっさいしない」とも語っておられ、これもそのことを物語っているように思います。

テンバガーを期待できる会社ではありませんでしたが、会社の意図がわかった点では、やはり訪れてよかったと思います。「メイド・イン・ジャパンで品質重視の会社」という意味では、応援を続けたい会社になりました。

§株式分割が進むいまこそ投資ツーリズムのチャンス

一般に株主総会は本社や本社付近の会場で行われますが、ときに離れた場所で開催する会社もあります。半導体検査装置の大手メーカー・アドバンテスト（6857）も、その1つです。本社は東京ですが、少し前から群馬県明和町にあるR&Dセンターで行っています。

群馬R&Dセンターはアドバンテストの研究開発拠点の1つで、小笹は経済記者時代に、昔作っていた装置や資料を見たことがあります。敷地内には、この地域にかつてあった自然を再現したビオトープもあります。日本の会社の中でもトップクラスの規模を誇り、ここに株主を招き、自然環境の保全と再生に取り組む会社をアピールする目的もあるのでしょう。

場所は、東北自動車道で館林インターからクルマで約12キロ、電車なら東武伊勢崎線川俣駅からタクシーで約10分とかなり遠いですが、やはり小旅行気分を味わえます。しかし、同社は２０２３年、会場を都内に戻してしまいました。残念です。

また工作機械用ＮＣ（数値制御）装置で世界トップのファナック（６９５４）は、本社が山梨県忍野村にあり、山中湖にほど近い場所で株主総会が行われます。ユニクロやジーユーを傘下に持つファーストリテイリングも山口県山口市にあり、やはり観光を兼ねて行ける場所です。

じつを言うと投資ツーリズムを気軽に楽しめるようになったのは、ここ15年ほどのことです。かつては株の最低購入金額が３００万円以上の会社が当たり前で、ふつうの人が何社もの株を買い、あちこちの株主総会に出掛けることなど、とてもできませんでした。

２０２３年5月の時点で、ファーストリテイリングは株の最低購入金額が３００万円前後。いまも簡単には手を出せませんが、アドバンテストは１００万円前後、ファナックなら50万円以下で買えます。

現在、大半の株の最低購入金額は、5万円から50万円程度に収まるようになっていま す。これは東京証券取引所が最低購入金額を下げるため、企業に株式分割を要請していることが大きいのです。

いまある株をたとえば10分の1に分割すれば、1株1万円の銘柄なら1000円になります。最低購入金額は1000円×100株で10万円になるわけです。一方で購入できる株の数は10倍になります。価格が10分の1になり、買う数は10倍になるので、それだけ買いやすくなるという考えです。

ファナックの株が50万円で買えるようになったのも、2023年3月に5分の1に分割したからです。この月には信越化学工業、リンナイ、ディスコ、東京エレクトロンなども、それぞれ5分の1、3分の1、3分の1、3分の1に分割しました。それぞれ27年ぶり、29年ぶり、23年ぶり、26年ぶりと久々の分割です。

この流れは、ライブドアが始めた株式分割の影響が大きいように思います。ライブドアは2000年4月にオン・ザ・エッジとして上場し、当時の株価は1株が最高で561万円まで行きました。

その後2001年に1株を3分の1に分割、さらに2003年に10分の1に分割、20

04年に100分の1にするなど、分割を繰り返しました。ライブドアに社名変更してから10分の1に分割し、2005年4月には、上場時の1株は3万株に細分化されていきました。

ライブドアの場合、「株主数の増加がユーザーの拡大につながる」という戦略に基づくもののようですが、実際、株主数は上場直後の824人から最大で約24万人と約300倍に増えています。これに伴いライブドアが運営するポータルサイトなどの利用者も増えていきましたから、まさに戦略どおりということでしょう。

当時は「お小遣いで買える」ということで、小学生の間でライブドア株を買うのがはやったほどです。

その後、2006年1月に東京地検特捜部が証券取引法違反容疑でライブドアを強制捜査するというライブドア・ショックが起こり、翌月には1株55円まで下がりますが、ライブドアの株式分割は大きな転換点だった気がします。

ここから株主の大衆化が始まり、証券取引所も他の会社に対して株の分割を働きかけるようになったのです。

2023年5月に新型コロナウイルスの感染症法上の位置づけが2類相当から5類に移

行し、行動制限がなくなりました。これを機に、投資ツーリズムも視野に入れてみてはどうでしょう。

§本社が遠方の会社はウェブ参加で下見する手も

株の最低購入金額が下がって投資ツーリズムのハードルが下がりましたが、「やはり地方に行くのは大変」と思う人もいるでしょう。地方に気になる会社があるけれど、時間の都合がつかず、株主総会に行けないリスクもあります。そう考えて購入に二の足を踏む人もいると思います。

そんな人は、とりあえずウェブで株主総会に参加できる会社を探すのも1つです。まずは画面越しに、その会社の様子を見るのです。

基本的に私は、株主総会は生で参加するものだと思っています。株主総会に行く最大の目的は、社長の人格を見極めることにあります。これはウェブからはわかりません。

ウェブの場合、カメラは話す人だけを映します。またパワポによる説明が始まれば、パワポだけが画面に映しだされます。その間、社長や役員らが何をしているかを見ることができません。その会場全体の雰囲気が、まったくわからないのです。また話している人も目線がカメラに合っていない場合があり、ますます内容が伝わってきません。

たとえば株主総会ではふつう株主が質問するとき、自らの席から動かずに、渡されたマイクを使って話すことができます。ところがコロナ禍になって、感染予防と称して会場に据えられたマイクを使って話すことが、求められるようになりました。

わざわざ席を離れ、マイクの前で話すとなると、これまでのように気軽に質問できる雰囲気ではなくなります。株主に対して冷たい扱い方の感じがしますが、そんな空気感もウェブからはわかりません。ウェブで感じた印象は、半値８掛け２割引ぐらいと思ったほうがいいでしょう。

逆にいえばウェブでの参加で社長にがっかりしたなら、実際に行けば、よりがっかりする可能性が高いです。その意味で失敗を避けるため、まずはウェブで参加してみるのもいいように思います。

ウェブで「この社長は期待できそうだ」と思ったら、翌年は実際に参加してみる。ウェブ上で多少なりとも様子がわかっていたら、行くモチベーションも高まりやすくなります。

公式サイトなどで公開されている前年の招集通知などを見れば、その会社がウェブでの参加を認めているかどうかわかります。前年に行っている会社の場合、翌年も行う可能性が高いです。

より確実に知りたいなら、その会社に問い合わせるのも1つのやり方です。

第4章

株主総会を10倍面白くする質問術

§株主総会が面白くなるかどうかは質問しだい

これまで株主総会に参加することで、株式投資は10倍面白くなると述べてきました。とはいえただ参加しただけで、面白くなるとは限りません。参加して知りたいことがわかって初めて、面白くなるとも言えます。

1、2章で、株主総会で社長の人柄に触れ、この会社を応援しようと思った、さまざまな事例をご紹介しました。これらは質問し、返ってきた答えからわかったケースも少なくありません。株主総会は、自分から質問して初めて、面白くなるとも言えるのです。

とくに私がよく行く中小型株の場合、株主総会に出席する株主数は、多くても株主全体の1％程度です。株主が1500人いる会社なら、せいぜい15人です。コロナ禍では来場を控える人も増えたので、さらに半分ぐらい、つまり7、8人になりました。

参加者がこれぐらいだと、誰も質問せずに終わることもあります。株主総会では、まず議長である社長が事業報告を行い、株主配当や役員の選任などの議案を上程、審議方法の了承を得たあと、質疑応答に入ります。

ここで参加者が誰も質問しなければ、そのまま議案の承認に移り、無事承認されると閉会となります。短い場合、ものの10分で終わります。つまり株主からの質問があるかどうかで、株主総会にかかる時間も盛り上がり方も、まるで違うのです。

株主総会に出てくる人が、みな社長に質問したいと思っているわけではありません。実際、株主の多くは質問せず、ただ黙って社長の話を聞いているだけです。「この社長の話を聞きたい」というより、「社長の顔を見てみたい」ぐらいの気持ちでやって来る人も多いのではないでしょうか。また銀行や取引先の株主が儀礼的に来ているケースも多いようです。

私自身は、株主総会をライブ会場のようなものと考えています。アーティストを見に行くような感覚で、社長の顔を見たり、話を聞いたりするのを楽しみにしています。そんな私にとって、社長に質問しないことほど、もったいない話はありません。

誰も質問しなくても私は必ず質問し、そこで社長の熱意や純粋な人柄に触れられたとき、「いい株主総会だった」と満足することになります。質問しても、期待した回答が返ってこなければ、残念な気持ちで会場をあとにすることにもなります。

これは質問することと同時に、どのような質問をするかが大切、ということを意味します。そこで本章では質問に際して気をつけること、どのような質問をすれば株主総会を面白くできるのか、ポイントとなる点をご紹介していきたいと思います。

§入場は、できるだけ早めを心がける

株主総会を楽しみたいなら、真っ先に実践してほしいのは、会場にできるだけ早く入ることです。早く入場することで、より質問しやすい席を確保できるからです。

株主総会は、すべて自由席です。株を多く保有している人ほど、よい席が与えられるわけではありません。１００株しか持っていない株主も1万株持っている株主も平等です。すべては先着順です。

そして私が特等席と考えるのは最前列です。株主総会をライブ会場と考えるなら、アーティストを見るなら最前列がいいのと同じように、やはり社長の顔が最も見える最前列がいいとなるわけです。

最前列は、質問するうえでも有利です。とくに参加者の多い株主総会において、質問したい人が大勢いれば、手を挙げてもなかなか当ててもらえません。最前列なら議長の目に

もとまりやすく、当ててもらえる可能性が高まるように思います。

また先に述べたように、コロナ禍以降、質問者のところまでスタッフがマイクを持っていくのではなく、質問者が会場に用意されたマイクのところまで行って話すケースも増えています。後ろの席からマイクの場所まで行くとなると、気後れして手を挙げるのをためらう人もいるでしょう。最前列ならマイクは目の前にあることも多く、後ろの席にいるほかの人たちもあまり気になりません。それだけハードルを下げられるのです。

たとえば開始時間が午前10時なら、30分ほど前には会場に行き最前列、それが無理でもできるだけ前の席を確保する。とくにホテルの会議室やイベントホールなど大会場で開かれるときは、早めに行くようにしています。大きい会場で後ろの方に座ると、手を挙げていても壇上の議長には見えず、指してもらえないこともあるのです。開場時間を招集通知に記載している企業も少なくないので、事前に確認しましょう。

ちなみに株主総会は、遅刻しても会場に入ることができます。株主総会の目的は議案の承認なので、承認が終わるまでは入場が認められます。もちろんマナーとして開始前に入っておくのが原則ですが、電車の遅れなどで開始時間に間に合わなくても受付を通せば入れてもらえます。

§基本的に会社は「質問してほしくない」と思っている

株主総会で質問するうえで、1つ頭に入れておきたいのは、会社は基本的に、株主からの質問に対して神経質になっているということです。

株主総会は、株主が自分の投資したお金が適切に使われているかを判断する場です。これは会社にとって、株主たちに審判される場ということにもなります。ここで株主に異議を申し立てられ、株主総会が荒れるのは、会社の望むところではありません。

株主の中には経営方針に文句を述べたり、「配当が少ない」などとクレームをつける人もいます。そのような人が現れるのを避けるため、質問も、あまり多くを受け付けたくない傾向が見受けられます。

先に述べたように、決められた場所にあるマイクで質問をして貰おうとするのも、コロナ禍における感染対策というだけでなく、質問することへのハードルを上げようとしているように、感じます。

その意味では、コロナ禍収束後も「決められた場所でのマイクでの質問」を続けるかどうかも、株主からの質問に対する会社側のスタンスが、わかるようにも思います。

実際のところ、社長が株主を敵対視していると感じる会社もあります。たとえば、あるIT関連企業の株主総会に出たときです。社長は名門大学卒業の女性で外資系企業出身。若くして起業した方です。興味を持ち、まずはデビュー戦を見に行くことにしました。デビュー戦からすでに「株主に冷たい」という印象を抱きましたが、翌年は変わるかもしれないと思い、2回目も出ることにしました。ところがやはり印象は変わりません。そこで、たまたま同社の監査役が私の知人だったので、会って話を聞いてみました。「社長から『個人株主は要らない』という雰囲気を感じた」と伝えると、知人も「そうだろう」という答えでした。社長は社内でも「株主は機関投資家だけで十分で、個人株主は不要」と公言しているそうです。つまり私の印象は正しかったのです。

もっとも社長が個人株主を敵対視するのは、ある意味、やむを得ないようにも思いました。たとえばヤフー掲示板を見ると、個人株主がその会社について悪口を書き立てているのを頻繁に見かけます。

「株価が下がってどうしてくれるんだ！」「あんな社長は辞めさせろ！」といった罵詈雑言に溢れていて、これを見れば「個人株主は敵」と思うのも無理のないことでしょう。同様のクレームは、おそらくＩＲ担当者のところにも電話やメールで来ていると思います。

ただ、このような株主は、株主全体から見れば極めて少ない、ごく一部の人たちです。大多数の株主は、その会社に可能性を感じ、応援している人たちです。

にもかかわらず、ほんの一握りの声の大きい人たちをマーケットの声と錯覚し、大多数のサイレント・マジョリティの存在が忘れられているのです。

さらにいえば機関投資家にも、会社に批判的な声の大きい人たちがいます。説明会などで対面したとき、罵声を浴びせたりする人たちもいると聞きます。こういう声にも接する中、ますます「投資家はみな敵」ととらえてしまうように思います。

そんな社長を見ているから、社員たちも「社長を守ろう」となるのでしょう。社員株主が株主総会で最前列を陣取り、質問しにくい雰囲気をつくったりするのも、その表れのように思います。

ただ、社員の「社長を守ろう」とする動きは、一部やりすぎのところもあるでしょう。２０２２年の株主総会では、コロナ禍を理由に「ご来場はできる限りお控えください」といったリリースを出す会社も多く見られました。

ある会社は社長が小笹と直接に面識のある方だったので、「こんなリリースが送られてきました」と小笹が伝えたところ、社長はまったく知らない様子でした。周囲が気を回しすぎて、社長の知らないところで動いているケースもあるのです。

こうした風潮をなくすには、やはり会社を応援している圧倒的多数の「物言わぬ株主」が声を出して、「私は味方です」と伝えていくことが大事だと思います。メールで応援の気持ちを伝えるのも１つですが、社長までは伝わらないことが、ほとんどでしょう。やはり一番伝わるのは、生の声です。株主総会でそうした声を伝えるのも、株主の務めだと私は思っています。

§質問の前に「自分は味方」と伝えよう

前項で述べたように、会社には株主を「敵」だと思っているところも少なくありません。そうした中、自分は「味方」だと伝えるには、工夫も必要です。

たとえば質問は二の次で、マイクを手にしたらまずは褒める。褒めれば「この株主は味方」と社長も感じてくれます。味方からの質問なら、好意的に受けとめようという気にもなります。

以前、ある会社のＩＲ担当者から聞いた話では、株主総会とふつうの決算説明会やＩＲ活動では、緊張感がまるで違うそうです。株主総会は法定の意思決定機関としての会議体なので、動議などがあると慌ててしまう。そのため回答にしても、硬くなりがちになる。だから質問に際して、同社を応援していたり、味方であることを伝えてくれると、会社側も気持ちがのって回答しやすくなるという話でした。

株主総会で質問者は、まず株式番号を伝え、自分の名前を言います（最近は名前は言わなくてもいい場合があります）。続いて「今日は貴重なお話、ありがとうございました」などと言って質問に入りますが、ここで苦言を呈したいときです。

たとえば飲食業の会社に改善すべき点を指摘したいなら、まずは「いつもお店を利用させてもらっています。昨日も友人と飲みに行きました」などと、ひと言言う。これで「私は味方です」と伝えられます。

そのうえで「このとき店員さんがこんな対応をしていましたが、ここは少し改善したほうがいいのではないでしょうか」などと言えば、クレーマー的な発言でないと受け取ってもらえるでしょう。

また私が以前、東京ベースの株主総会に毎年参加していたときは、必ずその会社の服を着るようにしていました。そのうえで質問の際に「今日も御社の服を着てきました」と言えば、やはり味方であると伝えられます。

とくにアパレル関係では、その会社の服を着たり、製品を身につけて参加することで、わかりやすく「味方」と伝えられます。これは質問しようと手を挙げたとき、当てられやすい効用もあるように思います。

最近、同社の株主総会に参加した塾生も、５年間にわたり商品を購入していることを訴えながら厳しい質問をしたら、谷正人社長は、しっかり丁寧に回答し「画期的な総会だった」と振り返っていました。

また、別の塾生は、ユーグレナ（２９３１）というミドリムシの研究や商品開発を行う会社の株主総会に出たとき、緑チェックのジャケットを着て、フライターグという緑色のバッグを持って行ったところ、質疑で当ててもらうことができたということです。後で出雲社長との名刺交換の場があった時も、出雲社長が「壇上からしっかり見ていましたよ、いい色のグリーンですね」と、笑顔で話してくれたそうです。「私はこの会社のファンです」「味方です」と伝える努力は、できる限りしたほうがいいように思います。

§ 質問内容は事前に考えておく

株主総会における株主の質問時間は、とくに制限がありません。１００株しか持たない株主は質問の時間が短く、大株主なら長いといったこともありません。この点でも座る席と同様、株主の立場は平等です。

総会全体における質問時間もとくに決まりはなく、白熱する場合は2時間ぐらいになることもあります。もっとも多くの場合、1時間ぐらい経ったところで「次の質問で最後にさせていただきます」などと言われることになります。

質問の数も決まりはありませんが、たいてい1人2問程度です。コロナ禍で「1人1問」に減らす会社も増えましたが、こういう会社はやはり「株主にできるだけ質問させたくないのだな」と感じることにもなります。

そんな質問の場では、株主のほうも注意したいことがあります。質問と言いつつ、何が聞きたいのかわからない、ただダラダラと話しつづける人をときおり見かけます。「前期の成績はひどかった。その理由はこうだと思う」と自分の意見ばかりを言ったり、「先日店に行ったら店員の対応がこんなに悪かった」とあれこれ不満を並びたてる、といった具合です。

同じ株主である私からすれば、「さっさと話を終わらせてくれ」と言いたくなりますが、会社にとっては大事な株主の１人です。議長である社長も話をさえぎりづらいのでしょう。

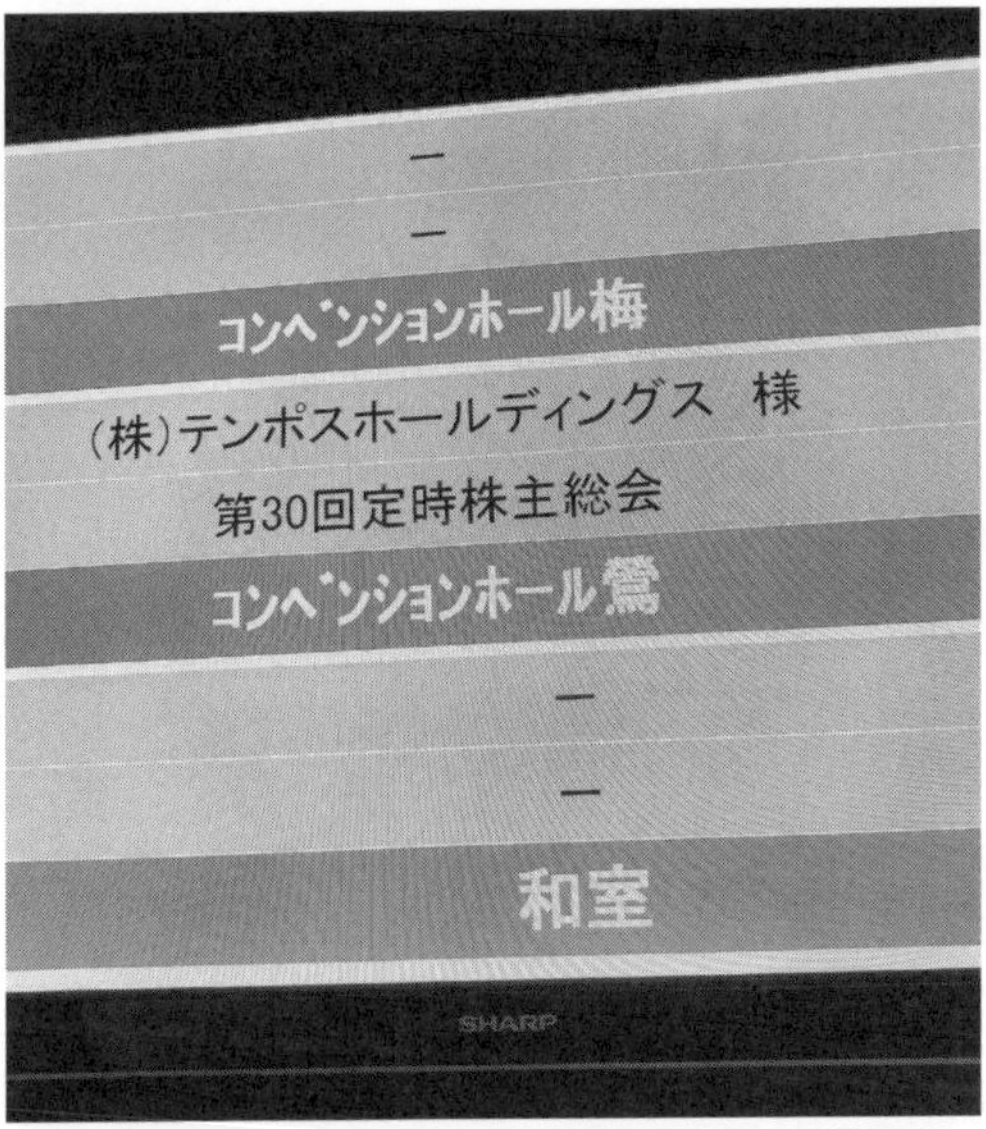

コストを意識し大田区営施設で開かれたテンポスホールディングス総会

本来は議長が止めるべきだと思いますが、弊社の小笹によれば、それができたのがニデック（日本電産）の永守重信氏とテンポスホールディングス（２７５１）の森下篤史氏です。この人たちほどのクラスになると、「あなたの独演会じゃないんだから！」などと言って止めに入り、これはこれで見応えがありました。

永守さんは、かつてアナリストや記

者から笑いがとれた決算説明会を〝お金がとれる説明会〟だったとおっしゃったことがありますが、それでいえば、エンタテインメント性も兼ね備えた〝お金がとれる〟株主総会なのかもしれません。

こういう人が議長ならスムーズに進行しますが、大方はそうでなく、ならば株主のほうで自重する必要があるでしょう。なるべくシンプルに、株主として自分が何を質問したいのか、事前に考えたうえで手を挙げる必要があります。

以下、具体的にどのような質問をすればいいか、私なりの考えをご紹介します。

§新しい会社なら、まずマーケットの将来のイメージを聞いてみる

株主総会で質問を通じて一番知りたいのは、社長としての資質です。それが一番わかりやすいのは、未来に関する話を聞くことです。

未来に対するイメージを持っていなければ、その人の経営者としての資質に大きな疑問符がつきます。未来に関する質問にどう答えるかで、経営者としての資質がわかるのです。

未来に関する質問は、大きく３つあります。１つ目はマーケットに関するもの、２つ目は将来の夢、そして３つ目が社員教育です。とくにデビュー戦など、新しい会社の株主総会ほど、これらの質問が重要になります。

なかでも私がよく聞くのが、マーケットに関するものです。「御社が対峙しているマーケットの規模は、10年後にどれぐらいになっていると思いますか。その中で御社のポジションは、どの位置にあるとお考えですか。シェアが半分なのか１％なのか、具体的なイメージを教えてください」といった具合です。

ここで曖昧な回答しかできない社長は、経営者として期待できません。逆に日頃からよく考えている社長は、「待ってました」とばかりに語りだします。

聞かれればいくらでも答えるのに、話す機会がないことを残念に思っている新興企業の社長は少なくありません。そのような人にこの手の質問をしたら、いくらでも話してくれます。このような社長の経営する会社なら期待は大で、「もっと株を買い足そう」ということにもなります。

またこのような社長は、社内でも日頃から同様の議論をしています。だから質問されても答えられるわけで、つまり社員も同じような認識を持っています。その意味でも、安心できる会社となります。

とくに上場したばかりの会社の場合、マーケットそのものが存在せず、これから開拓していくケースもあります。あっても曖昧で、既存のマーケットの何かを代替するというものです。

そう考えたとき、新興企業のマーケット戦略には、大きく3種類あるといえます。すでにあるマーケットなら、その中でシェアをどれだけ拡大するか。一方、何かの代替ならば、何の代替であり、そのマーケットはどの程度の規模か、をはっきりさせる必要があります。そして3つ目は、まったく新しいマーケットの場合で、これらを踏まえたうえで、将来のイメージ図を教えてほしいと質問するのです。

質問に際して参考になるのが、株主総会の招集通知と一緒に送られてくる事業報告です。事業報告には、現在のマーケット規模が記されていることが少なくありません。それをもとに「マーケットは10年後にどれぐらい伸びて、御社のそのときの立ち位置はどれぐらいですか」などと聞いていけばいいのです。

たとえばネット広告の会社なら、次のような答えが考えられます。「広告のマーケットは現在7兆円程度です。このうちネット広告の比率は上がっていて、半分ほどを占めています。その中でも、とくに我々が目指す分野はここで、いっそうの成長が見込めます。10年後には、この程度になっていると思われます」

このように具体的なマーケットを答えられるなら、この会社が将来どれぐらいの売上げを見込んでいるかもわかります。社長やその会社に対する評価も高まることになります。

§未来に関する質問で注意したいこと

ただし未来に関する質問では、注意したい点もあります。社長が必ずしも答えてくれるとは限らないことです。

株主総会は基本的に、事業報告と議案承認を行う場です。現在の話をする場で、未来の話は想定していません。

会社にとっては、まずは議題を通すことが大事で、極端な話、議案の決議さえ取れればいいと思って株主総会に臨んでいる社長もいます。決議されない限り議案は通らないので、とにかくこれを乗り越えなければならないという感覚です。

そのため会社によっては「その質問は本日の議題ではないのでお答えできません」と回

答されることもあります。株主の中にも興味あるのは現在の話だけで、未来の話などどうでもいいと思っている人もいるかもしれません。そんな人にとっては時間の無駄という話にもなります。

そこは会社の考え方で、会社によっては妥協点として株主総会を1時間ぐらいで終わらせたあと、15分ほどの休憩を挟んで新たに事業説明会を行うこともあります。「ご参加される方は残ってください」となり、ここで今後の戦略や具体的なビジネスについて語るのです。

そのような会社の場合、多くは最初の段階でダンドリを伝えます。「今後の事業見通し等については株主総会終了後に事業説明会で致しますので、そのときにご質問ください」といった具合です。その場合、株主総会でこうした内容を質問するのはマナー違反なので注意してください。

塾生の報告では、山梨県甲府市に本社があるジュエリーの製造・販売を手掛けるクロスフォー（7810）は本社会議室での30分の株主総会の後、事業説明会ではラフな衣装に着替えた土橋秀位社長が、これから注力していく開発製品について熱く語りました。その後、富士山が見える同社屋上で懇親会を行ったそうです。懇親会では、コーヒーを飲みながら、土橋社長と奥様との会話を楽しみました。こんな会を増やすためにも、質問はTPOをわきまえられると良いですね。

§自分なりの予想を語りつつ、「社長の夢」を聞く

マーケットに関する質問の次に、私がよく聞くのが「将来の夢」です。「社長はどこを目指し、何をやりたくて、この事業を進めているのでしょう」「将来的に社長は、どのような世の中をつくりたいのでしょう。夢でいいので大きなビジョンを語ってください」といった具合です。

ここで熱い思いをどんどん語る経営者なら、迷わず応援します。上場したばかりの会社なら、大方7割程度の社長が熱く語ってくれます。

社長の夢を尋ねるにあたり、私がよく行うのが自分なりの予想を先に語るというものです。「私は御社にこのようなストーリーを感じています。それは合っていますか。イメージを教えてください」といった具合です。

たとえば東京を中心に酒販店をチェーン展開するカクヤスグループ（7686）の株主

総会では、こんな質問をしました。

「これまでのコンビニの成長は既存の酒屋、つまり『サザエさん』でいえば三河屋さんのような町の酒屋を転換して伸びていったものと思っています。ただし今後は少子高齢化が進み、むしろ昔の三河屋さんのように注文を取りに来たり、配達してもらうほうがありがたいと考える人たちが増えていくのではないでしょうか。その機能を持っているのが御社のように思うのですが、どのように思われていますか？」

するとと「おっしゃるとおりです。我々は三河屋のサブちゃんを目指しています。ただしコスト意識を持ったサブちゃんです」という答えが返ってきました。

『サザエさん』の三河屋で働く、ご用聞きがサブちゃんです。サブちゃんはサザエさんの家に来ると、時間を気にせずタラちゃんと遊んでいますが、この間にもコストがかかっています。「だから我々は、そこにコスト感覚を加えたサブちゃんを目指します」と、そんな面白いストーリーを語ってくれたのです。

「コスト感覚を持ったサブちゃん」は、いままでありそうでなかった存在です。町の酒屋さんは、ある意味、全部コンビニになってしまいました。そこにもう一度、新しいサブちゃんを復活させようというのです。

このカクヤスグループの最大の特徴は、お酒1本から届けるところです。そのネットワークを東京都内すべてに張りめぐらせていますが、日本全国どこでもを標榜しています。すでに販路はあり、あとは〝サブちゃん〟をつくるだけです。

同社は酒やビール、お米など重いものを配達して、顧客に喜ばれています。今後もっといろいろな商品を届けるようになれば、需要はさらに広がります。

たとえば、同社が考えていることの1つが、介護用おむつです。酒やお米を届けてほしいという人たちは、かなり限定されています。ある程度高齢で買い物には行けるけれど重いものを持って帰れない人、あるいは足腰が弱ってきて買い物に出るのが億劫な人、さらに子育てで忙しく、買い物に行く時間がないから持ってきてほしい人たちです。そうした人たちに向けて、別の商品も配達するのです。

現代日本で、こうしたビジネスモデルをつくれるところは、ほとんどありません。このビジネスモデルでかつて最強だったのが、松下電器〈現パナソニックホールディングス〉（6752）のショップ店「ナショナルのお店（現パナソニックのお店）」でした。同ショップ店は、電球の交換一つでも、すぐに家まで来て、やってくれました。

これは同ショップ店にとってもチャンスで、交換のために家の中に入れば、そこには冷蔵庫もあれば、テレビもあります。「テレビの調子はどうですか?」「そろそろ古くなっていませんか?」などと提案し、新しい家電製品を買ってもらうことができるのです。

同ショップ店はかなり数を減らし、玄関を開けて中まで入れる人は、そうそういません。手渡しが主流だったアマゾンの配達も、玄関前までしか届けない「置き配達」が主流になっています。

このような流れの中でカクヤスグループこそ唯一それができると思って質問したところ、そのとおりの答えが返ってきたわけです。当然この会社は応援しようとなりました。

§「将来の夢」が変わってしまう社長もいる

もちろん思ったとおりの答えが返ってこないケースもあります。「このビジネスは、こんな可能性が広がっているのではないか」と思って質問したところ、「まだ新しいマーケットなので、そのようなデータがないんです」などと拍子抜けするような答えをする社長もいます。

でもそれは公のデータがないだけで、自分でイメージすればいい話です。あるいは、いまある何かに置き換えて語ればいいのです。「GDPの何%になります」でもいいわけで、答えようはいくらでもあります。答えられないのは、ふだんから何も考えていないからでしょう。

一方、最初は有望と思ったのに、のちに期待外れとなるケースもあります。ある旅行関連の会社の社長は、デビュー戦で「父を超えたい」と言っていました。父が小売業で大きく成功し、「最低でも父を超えたい。私なんてまだまだです」と語っていました。その語り口に好感を持ち、その後株価も上がっていったのですが、しばらくすると悪評を聞くようになりました。

すでに別の会社を立ち上げ、その会社の方に力を入れているというのです。複眼経済塾の塾生3人から同じような話を聞き、「悪い噂を2人から聞いたらアウト」と考えている私からすると、距離を置きたくなります。

そういう目で見ると、当初は有望と思えたビジネスモデルも、非常に怪しいものに感じられてきました。一見、画期的に思えたビジネスモデルが、いざ自分で使ってみると、かなり使い勝手が悪いことにも気づきました。

おそらく彼は「父を超えたい」という思いが、「よいサービスを提供して会社を大きくする」ではなく、別のところに向かっていったように思います。ある意味、人物を見誤ったケースで、私にとって反省材料の1つになっています。

§社員をどう育てているか

3つ目に質問したいのは、社員についてどう考え、どう育てているかです。これも重要な質問で、どれだけ成長が期待できるマーケットであろうと、社長に夢があろうと、それを支えるのは人材です。そこで「会社を成長させるのは、最後は社員教育にかかっています。そこはどう考えていますか。具体的に何をしていますか」などと、聞くのです。

こうした質問は、他の株主からはあまり出ません。同じ人材に関する話でも、多くは細かいところをチクチクつつくものです。飲食業なら「店に行ったら注文から出てくるまで30分もかかりましたが、オペレーションはどうなっていますか」といった類です。

こうしたことも身近な気づきとしては大事ですが、解決策を知ったところでこの会社がどこへ向かうかはわかりません。社長の夢や人柄を知るうえで、参考になるかどうかもわかりません。

人材教育では、2章で紹介した「どの店員に聞いてもらっても『楽しい』と答えます」と語ったバルニバービの佐藤社長が印象的ですが、もう1つ強く記憶に残っているのが店舗運営のコンサルタントなどを行うピアズ（7066）です。

株主総会終了後に、社内を案内してもらったときです。案内役を務めたのが社内で一番張りきっているという若手の女性社員で、非常に好感が持てました。彼女を見て、この会社は人の育て方がうまいと感じました。

またそのとき、社内に3歳ぐらいの子どもが遊び回っていました。この会社では社員が子どもを連れてきて仕事をしてもいいとのことで、「周りの人たちが迷惑に感じませんか？」と尋ねると「それを皆が受け入れています」という返事でした。やはり「この会社は社員を大事にしている」と感じました。

同社桑野隆司社長には、別途、複眼経済塾主催のIRミーティングで直接お話を聞いたのですが、とてもユニークな社員教育を行っていることがわかりました。同社では社員を入社させるにあたり、まず育ててくれた両親に手をついて「これまで育ててくれてありがとう」と感謝の気持ちを伝えるように指導しているそうです。それを言わない限り、入社を認めないのです。

さらに内定が決まった段階で、山口県萩市にある松下村塾か、鹿児島県南九州市にある知覧特攻平和会館に見学に行かせて、先人たちの思いを心に刻むそうです。

この会社は元々、携帯電話の販売店向けコンサルタントがメインの業務で、数時間待ちが当たり前だった携帯ショップを予約制にしたのも、この会社だそうです。携帯販売店における消費者との対話から得た「おもてなし」のノウハウを、今後はさまざまなサービスにいろいろな形で植えつけるのが自分たちの仕事と語っていました。

コロナ禍で事業が二転三転しているようですが、このような人材育成を行う会社なら今後も期待できると思います。

§ 終わった期の話の聞き方は工夫する

さて先ほど、株主総会での質問は未来の話が大事と述べましたが、逆に単純に聞くことを避けたいのが終わった期についての話です。株主総会で報告されるのは、前年度の結果です。招集通知と一緒に送られてくるのも、前年度の数字です。

そこから「なぜ、こんなことになったのですか」といった質問になりがちですが、終わった話について質問しても会社の未来はわかりませんので、聞き方に工夫が必要です。

たとえば2022年のバルミューダの決算報告によると、営業減益が95％減でした。2021年には100の利益があったのに、22年は5しかなかったことになります。これはとんでもない減益ですが、このとき株主総会で小笹は寺尾社長に今回の減益がバルミューダの歴史の中で持つ意味を聞きました。これに対し、寺尾社長は「創業から20年が経つ中で、今よりももっときつい時期が何回もあった」と語りました。そのような寺尾社長の話を聞くと、大変な修羅場をくぐり抜けてきた人であることがわかります。

利益の95％減よりひどい状況を何とか乗り越えてきた寺尾社長なら、今回もやってくれるという期待が生まれます。やはり大事なのは「これから」なのです。

医療・健康分野のICT化を進めるメディカル・データ・ビジョン（3902）も、2022年の売上目標は未達に終わりました。それでも小笹が今後の展望を質問すると、岩崎博之社長は「前年踏襲型の積み上げからの脱却を図り、B to Cビジネスの入り口である「カルテコ」のリニューアルも成功させたい」といった前向きな答えをしました。質問に対して「よく聞いてくれた」という話しぶりで、やはり社長自身も未来志向の話をしたいのです。

2章で、小笹が株主総会に参加した先として紹介した岡野バルブ製造では、本社のある北九州市の過疎化が進んでいることから、小笹は地域貢献についての質問をしたようです。岡野社長はてっきり「配当を上げろ」などと言われると思っていたのでしょう。小笹が「全体を考えながらビジネスをしていることを聞きたい」という姿勢を見せたことで、嬉しそうに詳しく語ってくれたとのことです。

§社長や会社のプロフィールも質問の糸口になる

岡野バルブ製造の岡野社長とは、地域貢献についての質問がきっかけで、小笹は打ち解け話を聞くことができました。共に上智大学卒であることもわかり理解が進みました。その意味で会社や社長のプロフィールに関する質問は、社長の人柄に触れるチャンスと言えます。

高齢者向け配食サービスを行うシルバーライフ（9262）の株主総会に参加したとき

が、まさにそうでした。最初の挨拶で清水貴久社長が「警察官をやっていまして……」という話を軽くされたのです。そこで質問の際に「先ほど社長は元警察官と伺いましたが、なぜ辞めて、このような会社を立ち上げられたのですか」と尋ねると、次のような答えが返ってきました。

警察官時代に結婚相手が決まったのですが、国家公務員や自衛隊、警察官などは、相手本人だけでなく親戚まで含めて身辺調査をされます。すると彼女の親戚にとある政党の党員がいて、上司から「彼女との結婚は認められない」と言われたそうです。「警察官を辞めるか、彼女との結婚を止めるか選択しろ」と迫られ、清水社長は彼女との結婚を選びました。次に何の仕事をしようか考えたとき、もともと警察官をやっていたのは「市民の安心安全を守りたかったから」だと再認識しました。そこで「安心安全の給食」に行き着いたというのです。非常に説得力のあるストーリーで、このような話はわざわざ聞かないと聞けません。

会社の歴史や自身の来歴について、話したいと考えている経営者は少なくありません。ここから人柄や人間性がにじみ出るケースも多いです。株主総会という場を生かし、物怖じせずに聞けばいいのです。

小笹が参加したエフオン（９５１４）の創業25周年の株主総会では、次のように聞いたそうです。同社は木質バイオマス発電などを手掛ける会社です。

「御社の株主総会に初めて参加したのですが、創業25年に到る中でどのような道筋を辿ってこられたのですか」。このときも島﨑知格社長は、「バイオマス発電がうまくいかず、（スクラップアンドビルド）でなく『スクラップアンドスクラップ』で収益トントンにした時期もある。今は発電だけでなく山林で木を育てたり伐採もしている。森林資源は軽視されてきたが、持続可能社会を志向する時代に目指すべき姿は見えている」と、小笹が考えていた以上に詳しく、きちんと澱みなく語ってくれました。

それなりに社歴のある会社の場合、「いまさら、そんなことを聞くの？」「勉強不足でしょう」などと邪険にされないかと、心配する人もいるかもしれませんが、そこは聞き方もあります。

「御社のことをあまり理解できてなくて申し訳ありませんが……」「知識不足ですいませんが……」などと最初にひと言言えば、たいていの社長は丁寧に語ってくれます。ここで無愛想で面倒くさそうに語る社長なら、「それでこの会社の本当の姿がわかる」と思えばいいのです。

会長が実権を持つ会社は要注意

上場したばかりの会社で、私が「要注意」と考えることの1つに、オーナー企業の社長が上場後まもなく会長に就任するケースです。

「自分は一歩引いた立場で経営を見ている」というわけですが、上場して1年目や2年目は、まだそんな段階ではありません。何社かこのようなケースを見ましたが、いずれも売上げが伸びず、2度と浮上しませんでした。

おそらく本業以外の、投資家対応や株主総会の対応などを社長に任せようと考えているのでしょう。このような会社は、実質的に影響力を持っているのは会長ですが、総会で最前面に出てくることはないため、社長に質問しても会社の真意が伝わらないこともあります。

また起業家の中には、会社を上場させてしばらくすると株を売り、そこで得たお金で新しい事業を始める人もいます。より大きなビジネスやマーケットを目指したいのでしょうが、その人が社長だった会社にも、これから始める会社にも、私は期待しません。

シリアルアントレプレナー（連続起業家）が、評価されることがあるのは、もちろん存知あげていますが、私に言わせれば、創業者が上場後すぐにいなくなったのでは、その会社は脱け殻のようなものです。一方で株を売ったお金で始めた会社が新たに上場した場合も、いずれこの社長は同じことをするような気がします。そう考えると新しい会社にも、やはり投資する気になりません。

また会社の中にはタイプの異なる2人のリーダーがいて、2頭体制になっているところもあります。多いのは技術に強いリーダーと、営業やマネジメントに強いリーダーの2頭体制というものです。

さらに、もともと2人で創業したというケースもあれば、別々の会社が合体したことで双方のトップ同士の2頭体制になっているケースもあります。

ドローンメーカーのACSL（6232）は、NASAでスペースシャトルのエンジンの研究をしたというカリスマ創業者から、マッキンゼー出身のCEOの鷲谷聡之氏とCFOの早川研介氏がマネジメントして広げていくという役割分担になっています。ビッグデータ分析などを手掛けるダブルスタンダード（3925）は、社名自体が2頭体制を思わせますが、CEOの清水康裕氏とCTOの中島正三氏という優秀な2人で創業したケースです。

そして、2頭体制でうまく行くケースは昔からあります。よく知られるのがソニーグループ（6758）の盛田昭夫と井深大、ホンダ（7267）の本田宗一郎と藤沢武夫です。それぞれ技術とマネジメントでリーダーを務め、うまく機能しました。

ただしこれは諸刃の刃で、ひとりが仲違いしたり辞めたりすると、その会社の業績がいっきに潰れるケースもあります。そのあたりは、つねにチェックしていくことも大事です。

§社長以外にキーマンがいるなら指名して質問する

その会社が2頭体制かどうかは、質問で確認することもできます。とくに会長と社長が同年代ぐらいの場合は「会長と社長の役割分担はどのようになっていますか」と聞けばわかります。曖昧な答えしか返ってこなければ社長は名前だけで、実際は会長が取り仕切っている、ということも考えられます。逆に分担がしっかりしていれば、2頭体制がうまく機能していると考えられます。

結婚式場の口コミサイトを運営するみんなのウェディングと、不動産仲介サイトを運営するオウチーノが統合してできた、くふうカンパニー（４３７６）は、オーナーの力が強い会社ですが、質問への回答からうまく機能している会社のように思いました。

この会社のオーナーは、クックパッドの元社長で、タレントの菊川怜さんの夫としても知られる投資家の穐田誉輝氏です。クックパッドを急成長させた、凄腕の実業家でもあります。

穐田氏はくふうカンパニーの株式の半分以上を保有していますが、２０１８年のみんなのウェディングの総会ではオウチーノの社長だった堀口育代氏が社長を務めていました。実質のトップは穐田氏ですが、その時の株主総会で議長を務めていたのは堀口氏でした。

そこで、株主総会の質疑応答の時間に、私は次のような質問をしました。「先ほどから何も話されていませんが、実際に御社の方向性を決めているのは穐田さんだと思います。穐田さんの考えをお聞かせ願えませんか」

すると穐田氏が出てきて、説明してくれました。ライフサイクルに沿ったビジネスを展開するとのことで、そのスタートは結婚であるという話でした。結婚すると新しい家庭生活が始まり、そこに教育や保険、家のローンといった、さまざまな問題が出てくるので、これを一気通貫で請け負うビジネスモデルをつくりたいと考えている。そんな説明をされました。

堀口社長は具体的な話をしませんでしたが、穐田氏が言うのだから、そのような方向性の会社なのでしょう。実際そういう目で見ると、穐田氏は生活関連の会社に株主としてかなり投資しています。最終的にすべて統合しようと考えているように感じました。

社長以外にキーマンがいると思える場合、質問の際にその人を指名して、確認することも重要です。キーマンが答えるかどうかは議長判断となりますが、私の経験でいえば、株主を大事に考える会社ほど、きちんと答えてくれるように思います。

§社外取締役も意識してみる

また私が最近、とくに意識するようになったことの1つに、社外取締役の存在がありま す。近年、会社における社外取締役の存在感が大きくなっています。以下は、弊社の小笹が体験したことです。

電子楽器メーカー、ローランド（7944）の株主総会に、小笹は参加しました。そこでは、シャープ（６７５３）の社長やニデック（日本電産）の副会長を歴任した片山幹雄氏が、新しい社外取締役として紹介されたとのことです。

片山氏も取締役候補として、会場の最前列に座っていたので、小笹は「なぜローランドの社外取締役を引き受けたか」を質問しました。片山氏からは「この会社がこれから真のグローバル企業を目指す中で、私のいろいろな経験が役立つと思いました」と答えが返ってきたそうです。

片山氏ほどのキャリアのある方ですから、さまざまな会社からオファーがあったと思います。その中でローランドの社外取締役を受けたところに、ローランドの可能性を感じます。

ローランドはもともと、売上げの９割が海外というグローバルな会社です。これからはますます世界で音楽を通じて生活者の暮らしに潤いをあたえ、特に新興国ではさらに市場が広がる可能性があるという社長の説明もあり、片山氏の助力を得て、さらに飛躍していくように思います。

小笹が参加したインフルエンサーマーケティングのトレンダーズ（６０６９）の株主総会もそうでした。「トリプルメディアマーケティング」というベストセラーがあるマーケティングの第一人者で、一線を退いたと思っていた横山隆治氏が社外取締役候補になったのです。小笹は（一線から退かれると思っていたのに）なぜ引き受けたか」を質問しました。すると横山氏は、「話題を作る方法が、マス広告という時代からSNSに変わってきていて、トレンダーズは可能性に満ちている。広告主に依頼されてコピーを作る時代から、共感できるファンの声で話題を作るところに興味がある。これが引き受けた理由です。」と、答えたのです。マーケティング企業は沢山ありますので、横山氏が引き受けたのは大きなブランド価値になると思いました。余談ですが、トレンダーズは、株主総会を午後開催しています。開催日が他社と重複していても参加しやすい仕組みを作っている点も評価しています。

本社があるビルの会議室で総会を開くトレンダーズ

　上場企業における社外取締役

の存在は、２０２２年4月に始まった「東証改革」で、より重要視されるようになりました。株主総会でも「社外取締役がどれぐらい勉強しているか」「どれぐらい株を保有しているか」などは質問しやすい内容です。「何年も社外取締役を務めているのに、なぜ株を買わないのですか」は、関わり方に疑問符がつく社外取締役に聞いてみたい質問です。

株主総会に出席する取締役用に作られる想定問答集は、多い会社では１人１００ページにも及ぶそうです。社外と社内併せて取締役が7人いた場合、重なる回答があったとしても、延べ７００ページになります。それだけ社外取締役は重要な存在になっているのです。

ちなみに社長や取締役が質問に答えるとき、ペーパーを見ながら話す人も少なくありません。とくにデータが求められる質問では、裏方がすぐに用意して、それを見ながら答えることにもなります。正確を期すためには仕方ないかもしれませんが、やはり自分の言葉で語る人のほうが、人間性が感じられて好感が持てます。

逆にいえば、いかにフリートークで答えられる質問をするかが、質問者の腕の見せ所でもあります。

ただし最近はプロンプターを使い、画面上に出てくる文字を見ながら話す人も増えています。細かい数字もスラスラと話す人は、裏方の人が打っている文字をただ読んでいるということもあります。このあたりは幻惑されないよう注意が必要でしょう。

§〝入り口〟としてなら株価や配当の話もOK

繰り返しになりますが、社長としての資質や人柄がわかりやすいのは、将来のマーケット像や社長の夢などを聞くことです。ただ、ただこうした質問はハードルが高く聞きにくいという人は、入り口として株価や配当について聞いてもいいと思います。

先に述べたように、「もっと配当を出せ」「株価が下がったのをどうしてくれるんだ」といった言い方はマナー違反で、会社に「敵」と思われるもとですが、「今回の配当は0％とのことですが、これはどのような考えに基づくものでしょう」「株価を上げるための対策は、いろいろ考えておられますか」といった聞き方なら、相手もさほど嫌な気持ちになりません。

複眼経済塾でも、株価に関する質問をすることがあります。たとえば先のローランドは、毎年4％前後を配当に回す、配当目的の投資家にとってはよい会社です。とはいえローランドという会社が好きで、一生つきあいたいと思っている株主からすると、こんなに大盤振る舞いしていいのかという心配もあります。そこで直近の株主総会で小笹は、次のような質問をしました。

「御社のようなグローバルカンパニーが、現在のような金融不安がアメリカやヨーロッパで起こりつつある中、これほどの高配当をして大丈夫でしょうか。御社を応援する立場としては気になるところでもあり、そのあたりをお答えいただけますか」

同じ配当に関する質問でも、いわゆる「物言う株主」なら、こうした聞き方はしません。彼らは会社が貯めている内部留保をできるだけ配当金として吐き出させるのが目的です。そうした中、我々の質問は「私はあなたの味方です」「会社の成長を望んでいます」と伝えることになります。配当に関する質問でも、フレンドリーな方向に持っていけるのです。

配当や株価に関するものでも、聞き方によっては友好的な関係を築けます。そうしたやりとりを通じる中で、どのような質問なら社長は答えてくれやすいか、わかってきます。経験を繰り返す中で、より社長の人柄が浮き彫りになる質問もわかってくると思います。

質問のスキルを上げるには、他の株主の質問も参考になります。株主によっては「この質問は、いかがなものか」と思うような質問をする人もいれば、「なるほど、こう聞けばいいのか」と感嘆するものもあります。「自分もこんな質問をしてみたい」と思える質問に出会ったら、次回の株主総会で使ってみるのも手です。

回数をこなすほど、質問の錬度も上がっていきます。いろいろと試し、自分に合った質問法を探してみてください。

オリジナルな質問を考えるにあたり、招集通知も参考になります。招集通知は株主総会の2週間前までに発送することが義務づけられています。株主の手元には10日前には届くので、ここに記載された内容を見て考えるのも1つです。

たとえば招集通知には、新役員の名前が記されています。ほとんどの企業はバックナンバーもネット上で公開しているので、去年と今年では役員が交代するといったこともわかります。そんな過去との比較も、質問を考える手がかりになります。

また会社によっては、株主総会前に有価証券報告書を出すところもあります。有価証券報告書には、その会社が考えている対処すべき課題やリスクについても記されています。前期ではなく、今期の会社の考えを見ることができ、より新しい情報をもとに質問を考えることができます。もちろん前期の有価証券報告書であっても、大まかな考え方はわかり

複眼経済塾秘伝の株主総会チェックリスト

1	第1印象（良い・普通・悪い）
2	社長は「自分の言葉」で話していたか？（はい・いいえ・その他）
3	社長の説明内容はわかりやすかったか？（はい・いいえ・その他）
4	事業に対する社長の熱意は感じられたか？（はい・いいえ・その他）
5	参加社員の雰囲気はどうか？（良い・普通・悪い）
6	居心地のよい空間だったか？（快適・普通・不快）
7	演出に工夫はあったか？（あり・なし・その他）
8	株主総会ミシュラン総合評価（A・B・C・D・E）
9	主な質疑応答

ますので、事前の一読をおすすめします。

以上、株主総会を楽しむための方法を社長への質問を中心に述べましたが、株主総会ではほかにもチェックしたい事柄がいくつもあります。以下に複眼経済塾で作成した、株主総会でチェックしたい7項目をご紹介します。個人によって感じ方がさまざまではありますが、複眼でこのデータを集めて、ゆくゆくは、株主総会ミシュランを作ってみたいなあと思います。

これらも意識して臨めば、株主総会はより充実したものになります。ご参考にしていただければ幸いです。

第5章

個人株主が増えれば、日本の株式市場はもっとよくなる

§「シャンシャン総会」は過去の話

前章まで、株主総会に出れば株式投資は10倍楽しめるとして、株の買い方、より楽しく参加する方法などを紹介しました。ただし、本当に楽しむためには、社会としてもっとインフラを整えねばならないところがあるのです。

現在の日本の株式市場の問題として、まず挙げられるのは、個人株主の少なさです。日本の個人金融資産は約２０００兆円あります。このうち株式市場に回っているのは、約11％です。これが１％増えて12％になるだけでも、日本の株式市場は個人投資家にとって、もっと活気のある存在になります。

逆にいえば個人投資家が少ないことで、日本の株式市場でさまざまな問題が生じているのです。ここでは日本の株式市場が抱える問題点、それを踏まえたうえで、どうすれば個人株主が楽しめる株式市場になるかについて、述べたいと思います。

皆さんの中には、「株式市場の問題」と聞いて、総会屋のような存在を思い浮かべる人もいるかもしれません。かつて日本の株主総会では、総会屋の姿が多く見られ、野次などを飛ばして進行を妨げたり、逆に質問したい株主を抑え込む、いわゆる〝シャンシャン総会〟で終わらせるケースが多々ありました。

ただし現在では、こうした人たちを見かけることはほとんどありません。私たちが株主総会に出席し始めたのは２０００年頃からですが、すでに総会屋はほとんどいない状況でした。私も実際に会ったことは１度もありません。

総会屋の多くは、金銭目当てで株主総会に来る人たちです。少しの株を買って株主になり、総会の進行を妨げる。そして閉幕後に「来年も来るからな」など脅し、これを避けたい企業からお金をせしめるといった人たちです。

あるいは会社側につき、〝シャンシャン総会〟で終わらせる代わりに、何かしら謝礼を要求する人たちです。

彼らが急速に姿を消しだすのは、１９８１年の商法改正で、総会屋のような行為に罰則が定められたことが大きいです。さらに１９９７年に利益供与要求罪ができ、いよいよ存在感がなくなっていきました。

警視庁の発表によると、１９８３年には全国には約１７００人の総会屋がいました。それが２０２１年には約１８０人にまで減っています。じつに10分の１近くになったのです。

弊社の小笹が、2001年にニッスイ〈日本水産〉（1332）の株主総会に出席したときのこと。手を挙げて質問したところ、終了後にIR担当者から「質問が出たのは本当に久しぶりです」と言われたそうです。

総会屋がプレッシャーをかけ、株主によけいな質問をさせない状態が長く続き、当時はまだそうした空気が残っていたのでしょう。それも過去の話になったのです。

もちろん「もっと配当を出せ！」などと要求する人はいますが、これは総会屋とは違います。逆にいえば総会屋が減ったことで、〝シャンシャン総会〟がなくなり、こういう人たちが声を出しやすくなったともいえるのです。

§ハゲタカファンドも姿を消した

一方、総会屋と混同されやすい存在に、乗っ取り屋があります。総会屋の目的が小遣い稼ぎで、保有する株もわずかなのに対し、乗っ取り屋の目的は、文字どおり会社の乗っ取りです。多くの株を保有し、役員を送り込むなどして、会社の経営や権利そのものを乗っ取ろうとする人たちです。

もう１つ、２０００年代頃に株式市場を賑わせた言葉に、ハゲタカファンドというものがありました。外資系ファンドを中心に、経営状態の危ない会社に投資し、短期間で効率よく利益を回収しようとする人たちです。このような人たちも、現在はほとんど見ません。

メディアなどで注目されると、自分たちの存在自体が否定的に見られるので不利と考えたのでしょう。表立った行動はしなくなりました。やるとしても裏で交渉しているので、株主総会であまり見ることはありません。

最近出てきた、特定の会社の株をめぐる動きとして、ウルフパックと呼ばれるものがあります。これは複数の株主が密かに結託し、ある会社の株を買い集めるというものです。そのうえで経営陣に株価向上策を呑ませたり、高額配当を要求するのです。昔でいう仕手株に近いものです。

この手法で狙われているある会社はホームページのＩＲ情報で「当社株式の大規模買付行為等への対応について」というサイトを開設しています。そこにあるリリース情報によれば、中国の大資本を中心にさまざまな人物がつながって、仕手戦のようなものを仕掛け

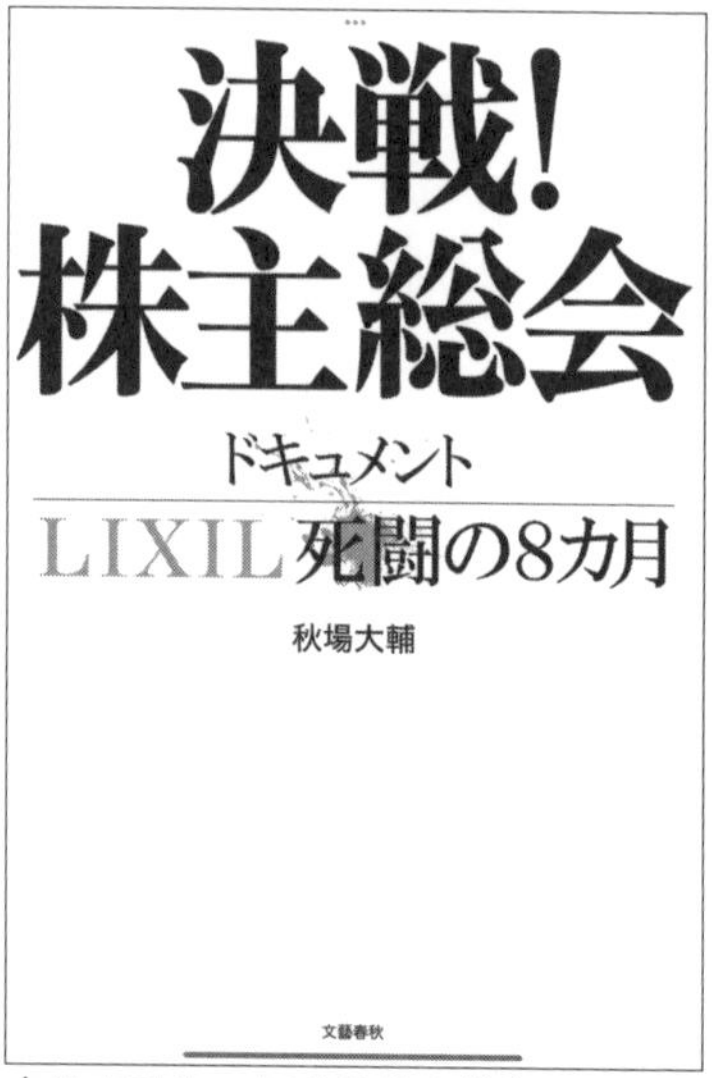

本にまでなったLIXIL株主総会

て株主提案をし、その会社をよくする建前で株価を上げようとしたり、高額配当を出させたり、役員を入れさせようとしているということです。真相は当事者しかわかりませんので何ともいえませんが、最終目的は会社を実質上、乗っ取ることのように感じます。

　また役員の選任をめぐって、２０１９年、ＬＩＸＩＬ（リクシル）グループ（５９３８）の株主総会が荒れました。これは会社側と、前ＣＥＯの瀬戸欣哉氏がそれぞれ取締役候補を提案し、株主の同意を得ようとしたものです。

　通常、新しい役員は株主総会の開催前には決まっているので、このような騒動が起こることはありません。このときは事前調整がうまくつかず、どちらが過半数を取るか最後までわからなかったのです。そのためメディアでも騒がれるようになりました。

　つい最近の話ですが、やはりこれも特殊ケースでしょう。このような場にも、私は居合わせたことがありません。

ただし、小笹は大手電力会社の株主総会は、いまだにヤジが飛び交うと言います。東京電力ホールディングス（9501）の株主総会に東日本大震災直後に出たところ、市民運動家の方々が個人株主となり、原発政策の見直しを迫るような株主提案をいくつもしていました。

原発反対の株主は1986年のチェルノブイリ原発事故以降地道な活動を続けていますが、こうした株主の発言や質問に対して、品のないヤジが飛び怒号が聞こえるのです。果たしてこれは総会屋なのか社員なのか、電力は誰もが身近に感じられるビジネスなので、原発を保有する東京電力をはじめとする大手電力会社の株主総会の現場は見てほしい気もします。

逆にいえば、このような会社の株を買わない限り、「荒れる株主総会」に遭遇することはありません。かなり特殊ケースで、ふつうに株を買って株主総会に行くかぎり、株主総会は荒れる場所ではありません。そこは安心していただきたいと思います。

§高額配当や自社株買いを要求する「物言う株主」とは

株主総会でいま最も目立つのは「物言う株主」でしょう。「物言う株主」とは、大量に取得した株を背景に、株主の権利として企業価値を向上させる経営改善を求める人たちの総称です。

「物言う株主」は、2000年代前半に村上ファンドを運営する村上世彰氏が出てきた頃から注目を集めるようになりました。たとえば2002年には、アパレルメーカーの東京スタイル（2011年に上場廃止）の株を村上氏が買い占め、新たなファッションビルの建設に使う予定だった内部留保資産を自社株買いに使うよう、筆頭株主として要求しました。この株主総会を、当時、ブルームバーグ通信社記者だった小笹は会場の入り口で取材したといいます。総会は長時間でたびたび中断され、その度に村上氏が外に出てきて、囲み取材で経過をメディアに報告するという異例の総会でした。

最終的に村上氏は発行株式の過半数を握れず、要求は通りませんでしたが、村上氏にも一理あるとして、「会社とは誰のものか」とあらためて考えさせる契機にもなりました。

村上氏と会社との関係は、よくも悪くも緊張感があったともいえます。

これに対し、いま増えているのは会社や社会に対する問題意識とは無関係に「ただ自分が儲けたい」と考える人たちです。

これはファンドとしては当たり前の話です。彼らの仕事は、顧客から預かったお金を増やすことです。ある会社の株を買いながら、「それが御社のためになるなら、うちのファンドは損してもかまいません」などと考える人はいません。是非はともかく、それが現実であることは確かです。

ただ株式市場全体として考えたとき、彼らの存在が株式市場を歪めているようにも思います。彼らは、さも株主全体の利益の代弁者のように「もっと配当を出せ」「自社株買いをしろ」などと言います。

確かに配当金を増やせば、株主が手にするお金は増えます。あるいは自社株買いで企業が発行した株を買い戻せば、1株あたりの価値が上がり、株価は概ね上昇します。

とはいえ株主還元は、株主にとって諸刃の刃です。配当が増えたり、自社株買いで株価が上がるのは、一時的にはよい話ですが、裏を返せば、その会社に成長性がないから、持っている資産を吐き出せという話です。これで恩恵を被るのは、利益を回収したらさっさと株を売り飛ばす人たちだけです。

その会社が成長すると思い、応援したいのなら、内部留保してもらい、自分はずっと株を持ち続けていればいいのです。つまり「株主還元しろ」というのは、「あなたの会社はもう伸びないから、いま持っているものをよこせ」と言うのと同じで、要は分捕りです。株主として、それを会社に要求する感覚は問題です。

本来は「物言わない株主」こそが、最もその会社や株主のことを考えている人たちです。それが大株主なら、なおさらです。さらに言えば、その会社に期待して株を持っているという意味で、大半の株主の代弁者でもあります。

§「株主＝会社のファン」という石井食品

これは会社からすれば、たとえ大株主でも自分たちの利益のみを考える「物言う株主」ではなく、その会社に期待し、さらなる成長や発展を応援してくれる株主のほうがありがたい存在ということです。

そのような株主が集まるよう、経営者は日々努力していく必要があるのではないでしょうか。いわば、その会社のファンが株主になるような活動、あるいは株主がファンになってくれるような活動です。

そんなことを考えていたとき、私が出会ったのが石井食品（２８９４）です。石井食品の株主総会に出て、「株主＝会社のファン」という会社が存在するのを目の当たりにしました。

「イシイのチキンハンバーグ」「イシイのミートボール」などで知られる石井食品では、株主と自社商品を買ってくれるファンが、ほぼ一致しています。詳しくは6章で述べますが、石井食品のように株主を自社商品を愛してくれるファンで固めれば、「もっと配当を出せ」などと要求してくる人が入ってくる余地はなくなります。

ファンなら、株価が上がろうと下がろうと、ほとんど気にしません。彼らが望むのは、これからもよい商品を出しつづける、よい会社でありつづけてくれることです。

そうなれば会社は、株主でもある消費者が、いまの会社のあり方に満足してくれているかを考えればよくなります。これは経営者として、大きな安心材料になるでしょう。

実際のところ、石井食品の株主総会では、業績に関する質問はほとんど出ません。それよりも「この商品は、いつも行くスーパーですぐに売り切れている。もう少し営業強化して切らさないようにしてほしい」といった話ばかりです。

石井食品の商品の大きな特徴に「おいしくて安全」があります。商品はすべて無添加で、これは上場している食品メーカーでは極めて稀です。実際、石井食品は20年以上前に無添加調理をあらゆる商品の基本にすることを決定し、工場の設備も商品のレシピも入れ替えていきました。消費者としてそういう努力を見てきているから、長く株主でいつづけてくれるし、「利益を吐き出せ」などとも言わないのです。

逆にいえば株主が見守ってくれたから、長年かけてすべての食品を無添加にするといった取り組みもできたのです。近年の石井食品の売上げを見ると、以前より減っています。それでも株主が応援してくれるので、自分たちが目指す経営を貫くことができるのです。

§「株主＝ファン」だから新しいマーケットも生まれた

石井食品のあり方は、いま世の中で言われているＰＢＲ（株価純資産倍率）やＲＯＥ（株主資本利益率）重視とは相いれない面があるかもしれません。では、こういう会社はいずれ衰退していくでしょうか。日本で最初に独立系投資信託会社を設立し、昨年末に対談の機会をいただき共著を出版したさわかみ投信の澤上篤人氏は「そういう会社は、放っておいてもいずれ株価が上がる」と語っています。

実際、そのとおりだと思います。２０１８年に社長に就任した石井智康氏によると、安心安全な食品をつくるのは、簡単そうで非常に難しいそうです。化学調味料を使わず、ただ無添加にしただけでは、消費者が満足するような味にはなりません。完全無添加でありながら、化学調味料を使ったときと同じレベルの味にするには、素材を吟味する必要があるそうです。

もちろん高級食材を使えば、それは簡単ですが、日常使いする食品で、そうはいきません。限られたコストでおいしくするのは難しく、そのレベルに完全に達するまで時間が必要だったのです。

逆にいえば、他社が「無添加にすれば消費者に受ける」と、同じような食品をつくろうとしても、そう簡単にはできないということでもあります。ただ無添加にしただけでは味が落ちるので、売上げが落ちてしまいます。

逆に素材をよくすれば価格を上げざるを得ず、やはり消費者が離れていきかねません。いずれにせよ、長くは続けられないのです。

このような石井食品と、真逆ともいえる方針で成功している会社もあります。自社の食品を〝工業製品〟のように捉え、おいしくて安い食品を大量につくり提供するのだから、科学的根拠に基づいた食品安全衛生管理を実践し法律や基準を遵守した中で添加物を使用するという発想でビジネスをしているように見えます。だからこそコンビニでも売れるし、常温でも保存できるというわけです。

これも1つの考え方で白黒をつけるのは難しいです。ただ、無添加にすることで新しいマーケットが開けたことは確かです。添加物に敏感な子ども向け食品や高齢者向け介護食もそうで、とくに高齢者向けの介護食は人口構成で考えても今後の大きなマーケットになります。

安心安全、かつ歯がなくても食べられる食品なら、高齢者の需要は大きいでしょう。子どもに安心安全なものを食べさせたい親のニーズもあります。

イシイのハンバーグやミートボールはCMも有名ですが、CMを流すにあたって石井食品では、まず歌を覚えてもらおうと考えたそうです。

最初に覚えるのは子どもで、子どもがスーパーに行くと、イシイの歌を口ずさみます。そこから「イシイのハンバーグが欲しい」となり、このときスーパーの棚にないと「じゃあ、別のスーパーに行こう」となります。スーパーとしては商品を入れざるを得なくなるそうです。

これが１９７０年代頃石井食品が拡大するきっかけで、このＣＭを考えたのは2代目社長の石井健太郎氏です。自社商品ばかり食べて育ったそうですが、80歳を過ぎたいまも、とてもお元気でいらっしゃいます。

この話で思い出すのが、日清食品ホールディングス（２８９７）の創業者・安藤百福さんです。安藤さんも96歳で亡くなるまで、ずっと自社のラーメンを食べつづけました。歳をとっても「毎日食べています」と言い、食べる姿が日経新聞で紹介されたりしました。「インスタント麺は体に悪い」などと言う人もいますが、そうでないことを、身をもって証明しようとしたわけです。

現在、健太郎氏は会長も引退されていますが、株主総会には参加されています。そんな健太郎氏に会うのを楽しみに株主総会に来る株主も多いそうで、これもまた会社と株主の理想的な関係のように思います。今、石井食品は農産物の生産者に株を持ってもらう活動を推進していて、生産者とともに日本の食や農業を守ろうとしています。

§BtoCの会社なら「会社のファン＝株主」の関係を築きやすい

商品や会社のファンと株主が一緒というやり方は、石井食品でなくとも十分可能なはずです。たとえば、先に紹介したカクヤスグループです。繰り返しになりますが、この店の利用者で圧倒的に多いのは「重いから持ってきてほしい」という人、つまり高齢者、あるいは子育てで忙しい親たちなのです。

じつはこれは、安心安全をうたう石井食品の購買層と同じです。「会社のファン＝株主」として潜在的なニーズがあるように思います。

店頭などで「株主になりませんか」といったポスターを貼り、「株主優待で晩酌セットをお届けします」などと株主優待をアピールすれば、株主になりたがる人は多いのではないでしょうか。

自社で販売しているお酒のおつまみを何品か届けるだけなら、会社としてもそれほどコストはかかりません。とくに消費者を相手にするBtoCの会社では、同じような可能性を持つ会社は多いと思います。

また酒販店なら消費者だけでなく、さまざまな飲食店との取引もあります。1株1500円の会社なら、最低購入単位は15万円です。買う側も、それほど大きな負担ではないはずです。

取引先が株主なら、会社も取引先を大事にしようとなります。しかも株主ということは、配当ももらえます。そうなれば、その会社にもっと成長してほしいと望むようになります。要はWin-Winの関係となり、仲間意識を高めることができます。

§株主優待は日本の大切にしたい文化

「株主＝ファン」を増やすうえで、大きなインセンティブとなるのが株主優待です。いまも株主優待を目当てに株主になる人はたくさんいて、石井食品も自社商品を株主優待で送ったりしています。

ただ株主優待については、否定的な意見があります。株主優待を目的に株を買う人がいる一方、株主優待は要らないという声も少なくありません。「その分を配当に回せ」というわけで、とくに声が大きいのが機関投資家です。

1章でも述べたように、機関投資家が顧客から託された資金の実質的な預け先は、信託銀行になります。つまり各会社の株の名義人は信託銀行で、株主優待も信託銀行に届きます。

金券、優待券など換金できるものは換金して信託財産に繰り入れるそうですが、それでも機関投資家にとってはさほど株主優待の恩恵はなく、彼らには不要なサービスです。また株主優待を受ける信託銀行側も、さほどメリットがありません。とくに株主優待が食品だと、誰も食べないまま賞味期限が過ぎてしまい、廃棄されるケースが多いそうです。そんなところにお金を使うなら、そのぶんを配当に回せというわけです。

確かに食品廃棄は悩ましい問題で、なかには食品を無料で譲り受け、生活困窮者に配るようなボランティア団体もあります。無料または低価格で子どもたちに食事を食べさせる、「子ども食堂」もその1つですが、このように活用されるケースはほんの一握りです。

とはいえ株主優待をやめて、そのぶんを配当に回すのは、会社と株主のつながりが現金だけとなってしまい、あまりにドライすぎる気がします。

そこから、株主総会に参加した人に手土産を渡す、といった発想も出てきますが、これはこれで「行った人しかもらえないのは不平等だ」と言いだす人がいます。実際、近年はコロナ禍で感染防止の目的もあり、手土産をやめる会社が増えています。

ここで「来てくださった方に手土産を渡すのは、日本の慣習であり、日本人にとってふつうの感覚です」ぐらいのことを会社は言ってもいいように思います。会社と株主をつなぐうえで、株主にちょっとしたプレゼントをする株主優待や株主総会の手土産は、日本の優れた慣習だと思います。反対の声が大きいからとやめてしまえば、日本のよき文化が失われてしまうのではないでしょうか。

§ 個人株主が増えれば歪んだ株式市場も正常化する

その意味でも私は、株主優待はできるだけ残ってほしいと思っています。そして個人株主が増え、機関投資家の存在を気にする必要がなくなれば、おかしな声も入らなくなります。

「平等ではない」という理由で株主優待に反対する機関投資家ですが、より大きな視点でいえば、個人投資家のほうが、よほど不平等な扱いを受けています。機関投資家は、個人投資家が得られない恩恵をたくさん受けているのです。

たとえばIRの一環として会社が行う説明会です。多くは機関投資家や証券会社、アナリスト向けに行われるだけで、個人投資家は相手にしていません。平等原則をいうなら、こちらも平等にする必要があるでしょう。

新規に上場する会社の社長が、機関投資家を訪ねて回るのもそうです。ロードショーと呼ばれるもので、1社ずつ訪問して事業内容を説明するのです。1日5社回るとして、10日かけて50社回るといった話は珍しくありません。これも個人投資家は完全にかやの外です。

さらに大きいのが、空売りの問題です。空売りとは、株を持っていないのに他から借りて株を売却することです。株を空売りして、その後、株価が下がったときに買い戻せば、安値で買ったものを高値で売るのと同様、売却益を得ることができます。

基本的に個人投資家は全ての銘柄を空売りできませんが、ゴールドマン・サックスやモルガン・スタンレー、野村インターナショナルなどプライムブローカーと呼ばれる証券会社ではほぼすべての銘柄を空売りできる仕組みを持っていて、顧客であるヘッジファンドという機関投資家だけは空売りが出来るようになっています。これは上場したばかりの会社の株についても同様です。これにより新規上場の会社の株価が、値下がりしやすい構造が生まれているのです。

空売りするためには、誰かの株を借りる必要があります。新規上場の会社の場合、借りるのは、その会社のオーナー社長の株が多いようです。その段取りをつけるのは、上場に際して主幹事となる証券会社がほとんどでしょう。

会社が上場すると、その会社の株を大量に持つ社長は、何億円、何十億円という資産を手にすることになります。ただし資産といってもオーナー社長である限り、そうそう売ることはできず現金化もできないので使うことはできません

ただしレンディング（株券貸借）マーケットと呼ばれるものがあり、保有する株を証券会社に貸すことができます。そして証券会社から、金額に見合った金利を受け取ることができるのです。

新たに上場する会社の社長に対し、証券会社はたいていこの制度の利用を勧めます。実際には書類上にある該当欄にチェックするだけでよく、「ここにチェックを入れてください」と言われ、よくわからないまま、従う社長も少なくありません。これで社長の株は、証券会社に貸しだされたことになります。

すると証券会社は、その株をヘッジファンドに貸し、ヘッジファンドはこれをもとに空

売りするのです。売られることで株価は下がり、下がったところでヘッジファンドはその株を買い戻し、売買益を得るのです。

ヘッジファンドが買い戻せば、株価が上がりますが、そこでまた空売りして株価を下げ、下がったところで買い戻す。これを底値と思うところが来るまで繰り返すのです。

こんなことができるのは、社長が持つ大量の株がレンディングマーケットで使えるからです。それができるのはヘッジファンドだけというのは不平等の最たるものです。これは、新規上場の株の多くが値上がりしない原因であり、ひいては日本株が値上がりしない要因でもあります。

彼らは下げ相場で儲けてしまったら、よほどその会社に興味がないかぎり2度と買いません。売って買い戻すことを繰り返す。そして、最後にその株を買い増しして持ち続けるならまだしも、底値に来たら買い戻して終わりにする。これでは株価は上がりません。

せっかく上場したのに株価が上がらないと悩む社長は多いのですが、ここに理由があるのです。

私も上場したばかりの会社の社長から「なぜ、こんなに株価が下がるんでしょう」と相談を受けることがあります。その際、やはり証券会社に株を貸したことが原因というケースは少なくありません。

ただし社長自身は気づいておらず、貸株に同意したかも覚えていません。そんなときは証券会社の担当者に確認するよう、お伝えしています。

こうした不平等は、個人株主が本気を出せばすぐに解消できます。ヘッジファンドがこのようなことをできるのは、個人株主が少なすぎるからでもあります。個人株主が増えれば、ヘッジファンドやプライムブローカーの影響力は小さくなります。

「新規上場の会社の株を買う人などいない」というのがヘッジファンドの理屈です。「買う人がいないなら空売りすればいい」ということになっているのです。これに対し、個人株主が新規上場会社の株をどんどん買い出せば、このような空売りモデルは通用しなくなります。

本章の冒頭で述べたように、日本人の金融資産は約2000兆円あります。このうち1%、つまり20兆円が入ってくれれば、空売りによる負のスパイラルは起こりません。儲からないとわかれば、ヘッジファンドもふつうに買いから入るようになるはずです。

個人株主の少ない日本の株式市場は、彼らにとって格好の草刈り場になっています。ある程度の流動性があり、そこそこ投資家もいるが、圧倒的な厚みはない。空売りで儲けるには最適で、ある意味、相場操縦ともいえます。

それを防ぐには個人投資家が、どんどん株式市場に入ってくることです。そうして健全な株式市場が形成されることで、株式投資は本当に楽しいものになるのです。

第6章

「消費者＝株主」になれば株式投資はもっと楽しくなる

§ 急成長する会社が評価される株式市場の問題

前章で述べたように個人株主が少ない日本の株式市場は、ヘッジファンドの草刈り場になっている側面があります。機関投資家が優位である状況を変えないかぎり、これは今後も続くでしょう。会社と株主は株価や配当のみでつながるギスギスした関係になり、株主優待のような日本的な良い慣習もなくなりかねません。

先日ある会社の40周年記念に招かれて基調講演をした際、「継続する企業には、どのような特徴がありますか」と聞かれ、次のように答えました。

「100年以上続く老舗では、派手に売上げが伸びたり、成長することはありません。利益がたくさん出るわけでもありません。それでも続いているのは、利害関係者に正しく分配しているからです。取引先、従業員、地域などにきちんと分配していれば、当然会社の取り分は少なくなります。ただし、それをやっているから続くんです」

問題は、この考えが市場に評価されないことです。急成長したのはいいが、さまざまな歪みが生じて、あっという間に20年で潰れてしまう会社と、急成長はしないけれど100

年以上経っても続いている会社。どちらがよいとされるか。

マーケットでは急成長する会社が高く評価され、株式の時価総額も高くなります。そして「マーケットは正しい」という考えのもと、創業10年にも満たない先行き不透明な会社のほうが偉いとされてしまうのです。

でも私に言わせれば、急成長するほど利益を出せる会社は、関係者から搾取している可能性があることにも気を配らねばなりません。たとえばメーカーが人件費の安い国で製品をつくるのは、裏を返せば人件費の高い国で賃金を払いたくないからです。本来なら生産者にもっと還元すべきなのに、まるまる搾取している。そこに急成長の理由があるのです。「利益とはお布施である」と言う人もいれば、「利益とは泥棒である」と言う人もいます。難しいテーマですが、利益が搾取によるものになっていないかどうか注意したいものです。

会社の従業員が「利益を上げるためコストを下げます。従業員の給料もコストの一部なので、あなたの給料も下げます」と言われても、到底納得できないでしょう。これを国外や社外の関係者に対して平気もしくは無自覚にするのが、急成長している企業です。そうした会社を「株主重視」と評価する株式市場には、やはり歪みがありそうです。

特に、従来、株主重視の姿勢を志向してきたアメリカの大手企業で構成される「ビジネス・ラウンドテーブル」も、2019年に格差拡大や短期的な利益志向などこれまでの株主資本主義の問題点を指摘し、社員への公正な賃金の支払い、地域社会への貢献などを謳うように変化してきた時代です。日本でも株主と会社の関係は、本来どうあるべきか。株主も会社も幸せになるには、どのような取り組みが考えられるかを改めて議論していくべきです。前章で紹介した石井食品における株主と会社の関係は、1つのヒントになるように思います。

先に述べたように、石井食品の株主は、多くが石井食品のファンである消費者です。「消費者＝株主」という関係を築くことで、マーケットの動向に左右されない経営を行っているのです。

そこで本章では、現石井智康社長と創業家2代目社長の石井健太郎氏が述べる石井食品のケーススタディを紹介し、それをヒントに、「消費者＝株主」を実現する方法を考えていきたいと思います。

§「消費者＝株主」のきっかけは小売店への無償増資

石井食品は１９６２年に株式を上場しました。当時は東証２部で、資本金は１億円。もとは佃煮の製造販売会社で、終戦の翌１９４６年に２代目健太郎氏のご両親と、お祖母さんの３人で千葉県船橋市にて創業。近くの漁港で仕入れた魚介類を、佃煮に加工・販売していました。

自家製味噌や野菜だしを使った佃煮は好評で、やがて地元の千葉県だけでなく、関東圏、さらには関西や九州など全国に出荷するようになります。事業が拡大する中、上場を果たしたのです。

そんな石井食品が「消費者＝株主」となるきっかけとなったのが、新たな商品開発です。佃煮に続く商品の開発を模索していたところ、注目したのがブロイラーでした。

通常、鶏の成長には1年かかりますが、ブロイラーは3カ月ですみ、そのぶんコストが安くなります。ただし肉質が悪く、アメリカのようにフライドチキンにすれば食べられても、当時の日本で主流だった焼き鳥には不向きでした。

別の食べ方を考える中、ヒントになったのが健太郎氏の母親の出身地、鹿児島県の郷土料理、さつま揚げ。余った魚をすり潰して固め、揚げたものです。それを参考にして生まれたのが、現在の石井食品の主力商品、ハンバーグとミートボールなのです。

ハンバーグもミートボールも、販売に際して冷蔵庫に入れる必要があります。まだ冷蔵庫が少ない時代で、冷蔵庫を置いている小売店も少数でした。そこで石井食品が、小売店に冷蔵庫を置いてもらうために思いついたのが、無償増資を行い、株を小売店に渡すという方法でした。

冷蔵庫を買ってもらう代わりに、株を無償で渡す。株主になった小売店には、商品開発にも協力してもらう。店で試食販売をして消費者の反応を教えてもらい、それを商品開発にフィードバックするといった具合です。健太郎氏は、無償増資によって小売店との関係が変わったと語っています。

「『この商品は売れるから、冷蔵庫を入れてください』と頼んだんです。そのためにテレビコマーシャルも打ちました。消費者の意見も聞かなければダメだと、試食品を100個用意して、どれだけ売れるか、実験のキャンペーンもやりました。

これで小売店との関係が深まっていきました。無償ですから、ほかにも社員や親戚など信頼できる人に株をあげていました。だから昔から株主と仲がよく、いまも親戚同然の人が多いんです」

§「契約」より、ゆるい関係

1972年には2億6000万円、77年には8億円まで無償増資しますが、その対象には問屋もあったとのことです。

「千葉の工場から全国に届けるため県別に特約店をつくり、新潟県はこの問屋、大阪はこの問屋などと決め、さらに株主になってもらいました。ときどき問屋を箱根に集めて成績書を渡すんです、『売っていないじゃないか！』などと文句を言いながら。それが株主でもあったわけです。株主であり、取引先であるという関係は、協業する仲間という感じです」（健太郎氏）

味の好みは県ごとに違うので、その地域にあった味付けにしています。これも全国の特約店が株主になることで可能になりました。それまで石井食品には全国の消費者の声を直接吸い上げる仕組みがありませんでしたが、各県の特約店に吸い上げてもらうことで、味

右から石井智康社長、石井健太郎2代目社長、同社からの感謝の手紙を持つ渡部塾長

のバリエーションをつけられるようになったのです。

「そのために工場を京都や佐賀にもつくり、大阪の醤油を佐賀に送ったりしていました。現地の特約店の人たちは株主であり仲間ですから、あちこち動き回って原材料の鶏肉なども確保してくれました」

特約店との協力体制を健太郎氏はこのように語っています。ほかに精肉工場や農家、販売会社など、信頼関係のあるところには頼んで株を持ってもらったそうです。

「いま『共生』という言葉が言われますが、そんな言葉がない頃から『とにかく親戚づきあいができるところとやろうよ』という感じでした。だから『安い』とか『便利』という

発想で取引するところは少ないんです。『契約』というより、仲間関係です」（健太郎氏）

一方で石井食品が取引先の株を持つこともありましたが、その場合もお互いが同じ金額分を持つのではなく、「お互い持てる分だけ持つ」といった関係でした。いわゆる「株の持ち合い」というより、助け合うために株を持っている感覚だそうです。

こうした関係は、安定した価格で良質な原材料を仕入れることにもつながっています。いま世界的なインフレにより原材料も高騰していますが、石井食品ではその時々の適正価格で仕入れを行っています。ただしこれは「よいものを安く買う」発想とは違います。

「入荷した鶏肉は品質を確かめるため、すぐに焼いて食べます。そこで納得したものなら、取引先が言った値段で買うんです」と健太郎氏は語ります。

§原材料の新鮮さや無添加をアピールする株主向け商品説明会

そして石井食品では、70年代から80年代にかけて、個人株主が急速に増えていきます。74年には800人程度だった株主が80年には3500人ほどになりました。これは買収防止策としての目的も大きかったようです。

「当時は乗っ取り屋が多く、私にも『30億円で買う』などと、声がかかることがありました。そこで父が、『信用のない人間だと寝返るかもしれない』と、株主を知り合いで固め、増やしていったんです」（健太郎氏）

一方で株主を対象にした工場見学を行うようになり、これによって株主との結びつきを強めていきます。

「うちでは早くからソーラーパネルで太陽光発電をしたり排水処理施設を採り入れ、地域への環境配慮の取り組みを進めています。そのような背景もあり、地元の学校向けの副読本にも載っていました。小学校の社会科見学のルートでもあり、そこから株主である親御さんが『自分たちも見学させてほしい』と言うようになったんです。

当時は消費者にいかにして新製品を食べてもらうかを考えていたので、工場見学はもってこいでした。見学した人たちからもずいぶん喜ばれました。いまはコロナ禍でやめていますが、顔見知りのおばさんたちから『早く再開してくださいよ』などと言われていますす」（健太郎氏）

さらに２００８年から、株主に向けた商品展示会も始めます。そこでは石井食品のこだわりである、原材料の新鮮さや無添加をアピールする目的もありました。

石井食品は無添加を重視

「たとえば泥付きのゴボウをお見せするんです。泥付きというのは、ゴボウが生きていることを意味します。刺身は魚を獲ってすぐ内臓を取ったほうが、おいしく食べられます。野菜も同じで、極力鮮度を保つ工夫をしておいしく食べられるようにしています。例えば、朝収穫したタケノコをその日のうちに一次処理、加工、わずか数日で製造します。

原材料が新鮮でなければ無添加のよさが出ません。ＪＡはつくった野菜を広範囲に流通させる、その分、それだけの時間がかかるため食材の鮮度が失われます。我々はそうではありません。新鮮さの価値を知っていただきたいと考えています。それを商品説明会でアピールするんです」（健太郎氏）

ハンバーグやミートボールに使う鶏肉も、一般に流通しているものとは違うそうです。
「日本人は血の味を嫌うので、血抜き作業を徹底してやってもらいます。血抜きを徹底すると重量は5～10％程度減り、グラムあたりの価格は高くなります。それをわざわざ、我々は買うんです。

安いものは血が入っているので、そこで差ができます。『石井さんはレトルト臭さがない』と言われますが、これもしっかり血抜きした鶏肉を使っているからです」（健太郎氏）
「血抜きを徹底した鶏肉を使いたい」と業者に言ったとき、最初は「高いものをなぜ買うんだ」と不思議がられたそうです。でも食べてみたら、明らかにおいしい。その結果、他社が値段の安いハンバーグやミートボールを販売しても、売上げで石井食品を負かすことはできなかったのです。
「だから『原材料は大切』という考えは、石井食品の中にしみ通っています。量の拡大ではなく、しっかりつくられたものを使うんです」（健太郎氏）

§ 子連れでも来やすい株主ミーティングを開催

２０１７年になると健太郎氏の長男、智康氏が石井食品に入社します。外資系経営コンサルティング会社のアクセンチュアでソフトウェアエンジニアを務め、フリーランスを経て入社した智康氏は、翌18年に社長に就任します。

智康氏は入社前、株主と会社の関係はもっと殺伐としたものと思っていたそうです。健太郎氏から乗っ取り屋の話を聞いていたこともあり、そこから当初はＭＢＯ（経営陣による買収）も含めた、上場ではない形の会社の形態も考えていたと言います。しかし、いざ石井食品で働くと、株主との対話を通じてイメージがすごく変わっていったのです。

「上場するからこそのメリットがあることに気づきました。父もよく『上場することで外からしっかり見られている緊張感が生まれ、それが会社のガバナンスに影響を与える』と言っていました。

そこには父の代から株主を『サポーター』と位置づけ、それに見合う配当政策や対話の機会を設けてきたことも大きいと思っています」（智康氏）

智康社長がそう語る配当政策とは、会社の業績にかかわらず一定の配当を出すというものです。赤字でも黒字でも１株あたりの配当を３円と決め、これを長年続けてきました。これが株主にとって、石井食品に対する大きな信頼感や安心感にもつながっています。智康氏は会社を引き継ぐときにこの話を聞き、安定配当の重要さを実感したそうです。

一方で株主と対話する機会を設けるために、株主総会だけでなく工場見学や商品説明会を行ってきました。そこから智康氏は、これらをさらに発展させた大規模な株主ミーティングを2019年に開催します。その理由を智康氏は以下のように語っています。

「入社後初めて株主総会に出たとき、大勢の株主の方が来られていて、質問や要望も含め、すごく応援していただいていることを実感しました。とくにこれからの時代、ファンの方たちを大事にしていくビジネスが必要だと思っています。では私たちが把握している一番のファンは誰かというと、株主の方々だと気づきました。株主と会社の関係性をどう大事にするかを考え、株主ミーティングの開催に至りました」

石井食品では、かねてより株主重視の株主総会を行っています。開催日を週末にした年もあれば、高齢者の来場を配慮し最寄駅から会場までシャトルバスも運行させたこともあります。

「ただ、株主総会という決まった形式の中では、伝えられることに限界があります。株主ミーティングはもっとフランクに、いろいろな形で石井食品のことを伝えられる場を目指しました」（智康氏）

開催にあたって参考にしたのが２０１７年に上場したほぼ日（３５６０）の株主総会だと、智康氏は言います。

「コピーライターの糸井重里氏が社長を務めるほぼ日の上場は、私の社長就任の時期と近いこともあり、株主総会にも注目していました。株主に楽しんでもらおうというスタンスが石井食品と似ていると感じ、最初にイベントを行い、その後で株主総会を行うといった進行もヒントになりました」

当日の会場にはキッズスペースを設け、子ども連れでも来やすい雰囲気をつくり、子どもがハンバーグを焼く体験コーナーなども設けたそうです。試食や素材の食べ比べ、去年の石井食品の10大ニュースの発表といった、さまざまなイベントを用意し、結果として予想を上回る約３００人の来場者になりました。

その後はコロナ禍により中止していましたが、２０２３年に再開を決め、よりスケールアップしたものにしています。２０１９年開催時は同日開催だった株主ミーティングと株主総会を別日開催にして、株主ミーティングを行ったあと、11日後に株主総会を開催しました。開催時間も前回の2時間半から丸１日に延ばし、出入り自由にしたのです。外部からゲストを招くほか、ファンの多い健太郎氏の講演も行いました。

「同日にすると人的リソースの配分が難しくなります。どうしても株主総会に力が入るので、別日のほうがより自由にできると考えました。株主ミーティングをもっとイベントでカジュアルにして、株主総会は堅めにするという流れです。

株主ミーティングでいろいろなコンテンツを楽しんでもらいつつ、株主総会での議題もしっかりご説明する。きちんと吟味していただいたうえで、株主総会で賛成・反対も含めて投票していただきたいと考えました」と、智康氏は意図を語ってくれました。

§ 株は協力しあうための象徴

石井食品の株主には、千葉県市原市を走る私鉄・小湊鐵道も存在します。「安全第一カレー」をはじめ両社によるコラボ企画も行うなど親交が深く、2022年には小湊鐵道が石井食品の株を買い増ししました。そこには同等の株を持つことで、株主として対等の関係性の中で取り組みをしていきたいという意図があるそうです。

さらに智康氏が取り組もうとしているのが、農家など地域の生産者に株を持ってもらう仕組みづくりです。

「生産者の皆さんは、食品会社に食材を買ってもらう立場なので、『もう少し高く買ってほしい』と言いにくいものがあります。しかし、生産者の皆さんが石井食品の株を持てば、株主という立場で、対等に発言できるようになるのです。さらに石井食品が発展することで、生産者にも配当という形で還元されます。そのような仕組みづくりを考えています。

株の持ち合いには批判的な声もありますが、これは「談合的なことをやめろ」という意味だと思います。我々がやりたいのはそうでなく、協力関係を強化するための仕組みづくりなのです」（智康氏）

株を持つことと経営への関与について、外資系企業の例も挙がりました。

「外資系企業で執行役員になるには、自社の株をある程度たくさん持つ必要があります。借金して株を買わないと幹部になれない。身を削ることで初めて経営に関われる部分があるのです」（智康氏）

また生産者が株を持つことでうまく機能している例として、イタリアのアルチェネロの話も出ました。アルチェネロは有機農法の先駆者として知られ、石井食品の食品でも、アルチェネロのトマトを使用しています。

「アルチェネロは、まさに『生産者＝株主』です。生産者が運営する加工場が株主になり、アルチェロネという会社ができています。ブランド会社であるアルチェネロと生産者が対等に話し合える枠組みになっている。我々も見習うべき先進事例が、ヨーロッパにあるのです」（智康氏）

今後は株主を招いた工場見学の再開や、新商品の試食開発なども視野に入れているそうです。イシイのミートボールは2024年に発売50周年を迎えますが、そこでもファン株主との価値創造に取り組みます。

「株主には、我々が掲げるビジョンを応援していただくと同時に、よい社会価値をつくることに一緒に参画していただきたいと思っています。工場見学や試食開発への参加を通じて、よいことも悪いことも含めて、率直にフィードバックをいただく。これは我々の活動を見直すうえで、ありがたい機会になると思っています」（智康氏）

さらに智康氏は株主に対し、広報役としての期待も込めます。

「株主さんには『これ、おいしいよ』と言って、周りに配ってくれる人がたくさんいます。SNSで拡散してくださる方もいます。我々は発信が得意ではないので、本当にありがたいと思います」

§喜んでもらいたいのは証券会社よりも生産者や消費者

智康氏の目指す生産者と会社との関係は、2023年春の会社四季報の石井食品のページで「売上の一部を生産者に還元」と紹介されています。こんな会社は、ほかにありません。そこを智康氏に伺うと、次のような答えが返ってきました。

「我々には、たくさん儲けようという考えがないんです。安く仕入れ、無駄なく販売していくのが合理主義ですが、そうは考えません。

食べ物は、お互いに助け合わないとできません。佃煮もそうで、海のものは天候に左右されやすく、『これだけの量を欲しい』といって手に入る場合もあれば、入らない場合もあります。時間的な制限もあります。そうした中でいかにいいものを仕入れ、保存していくかが大事になります。そこに『面倒くさい』とか合理主義を入れるとダメで、素材に従うことが大切です。石井食品はそれを徹底してきました。

日本全国の地域で培ってきた技術をわが社も積極的に吸収し、残していくお手伝いを、一緒にしていきたいと考えています」（智康氏）

こうした考え方は、ベンチャー企業のあり方と正反対です。技術がある会社にみんながお金を投資し、儲かったら還元する。「この事業をやるためにお金を投資してください」といった、お金だけの一時的な関係とは違うのです。

「千葉県には野菜だしのカレーがあります。これは市原市の伝統料理だそうです。日本人は魚のだしも好きですが、野菜だしも好きだと思います。でも我々のようなやり方でない限り、おいしい野菜だしはつくれません。

スーパーのように効率重視の挙げ句、店頭に並ぶまで1週間かかるといったやり方だと野菜が死んでしまいます。だから『利益をこのぐらい確保しよう』などと考えたことは、あまりありません。その意味で（利益に期待する）証券会社にとって、あまり役に立たないメーカーです。やはり喜んでもらいたいのは、地元の生産者や消費者の人たちなんです」（智康氏）

私たちも野菜だしのカレーを後日いただきましたが、とてもおいしかったです。

§ 株価が下がると買いが入るオリエンタルランドの株

以上、石井智康社長と石井健太郎第2代社長から伺った話をもとに、石井食品で会社と株主でよい関係が築かれている様子やその背景を紹介しました。このような関係はBtoC、すなわち消費者と直接接する会社ほど、築きやすいと思います。

先日、三井住友フィナンシャルグループ（8316）の三井住友銀行元専務の方と株の話をしたとき、こんなことを言われました。「株主優待を楽しみにしている人は、その会社が利益を出しているか否か、それを気にしていない」と。

たとえばオリエンタルランドの株を持っている人は、株主優待でもらった東京ディズニーリゾートのパスポートを孫にあげて、喜ぶ様子を見るだけで十分なのです。だからオリエンタルランドの株は、株価が下がると、すぐに買いが入るそうです。業績がよい悪いではなく、株主優待が欲しくて買っているからです。これも株主と会社のよい関係の1つでしょう。

株主優待ということでは、とくに親和性が高いのが知名度の高いBtoCの会社で、典型が鉄道会社です。沿線住民は、その鉄道を必ず利用します。株主優待の乗車券をもらうために株主になっている人は少なくありません。

そもそも歴史を遡れば、鉄道は何もない場所に線路を引き、周囲に住宅地をつくって住民を運ぶというビジネスモデルです。沿線住民が鉄道を使うのが前提で、おそらく計画段階から住民が株主になることも想定しているはずです。

電車の中吊り広告などでも、株主募集のポスターを見かけたりします。航空会社も同じで、株主割引券を目的に航空会社の株主になっている人はたくさんいます。

飲食店もそうです。我が家では自宅に近いファミレスの株を買い、株主優待で飲食やオリジナル商品の購入に利用しています。この店のタレが好きな妻は優待券が届くのを楽しみにしており、店側も優待券があることでお客に来てもらえるなら、プラスアルファの売上げも見込めます。

株主優待は会社と株主のよい関係をつくる大事なアイテムといえますが、同じようなことはB to B、つまり企業間取引が主体の会社でも可能です。

たとえば部品メーカーなら、その会社の部品が使われている最終製品を送るのも1つです。あるいは地域の特産品を送る方法もあります。静岡県袋井市にある運送会社、遠州トラックは静岡産のメロンやお茶などを株主優待で送っています。

このようなやり方を通じて会社に親しみを感じてもらったり、自分たちの地域を知ってもらう。これもまた会社のファンをつくるきっかけにできます。

§株主総会がファンミーティングに近いほぼ日、良品計画

ほかにも「消費者＝株主」という会社は、いろいろあります。石井智康社長が株主ミーティングで参考にしている、ほぼ日もそうです。ほぼ日のおもな事業内容は「ほぼ日刊イトイ新聞」の運営とグッズ販売です。

そんなほぼ日の株主総会に、弊塾の小笹は3回行きましたが、株主優待として「ほぼ日手帳」をもらえたそうです。ほぼ日手帳は、ほぼ日のデザイン性や使い勝手のよさでファンも多く、ほぼ日の全売上げ59億円のうち32億円を占める主力商品です。

小笹曰く、イベントも充実しているそうです。２０２２年の株主総会では、最初に霊長類学者の山極壽一氏の講演がありました。続いて総会が始まり、さらに社員と株主が交流するコーナーという3部仕立てで、社員との交流を楽しみに来るファンも多いようです。

なお、株主総会でのイベントを楽しみにする株主が多い会社としては、3章で紹介したエイベックスもそうでしょう。

また無印良品を運営する良品計画（７４５３）も、株主総会がファンミーティングに近

いものになっています。２０２２年は株主総会が終わると壇上から金井政明会長と堂前宣夫社長はじめとする役員が降りてきて、株主と同じ目線で質疑応答に臨むのです。

そこでは「このアイテムはおかしい」といった、消費者に近い目線の意見も多く出てきます。それに経営陣が丁寧に回答していました。明らかにファンを意識した株主総会で、このような株主総会なら株主になりたいと思う無印良品のファンも多いでしょう。

２０２３年２月には無印良品の銀座店で株主・ファンミーティングが開かれ、今後は全国の店舗でも行っていくそうです。ファンミーティングを通じて、株主も増やしたい思いもあるかもしれません。

良品計画の公式サイトでは、株主になると「株主ミーティングに参加できます」「配当が受け取れます」「株主優待が受けられます」などと謳っています。無印良品の愛用者には魅力的でしょう。

無印良品の業績は２０２１年から下がっていますが、配当は変わっていません。業績にかかわらず安定しています。このあたりは業績に関係なく１株あたり３円の配当を続けている、石井食品にも似ています。

§「社員＝株主」の難しさ

なお、自社の消費者やファンが株主になるのは、買収防衛策にもなります。石井食品は取引先に株を無償増資しましたが、これはかつてよく行われていた手法でもあります。株の持ち合いに近い感覚で、バブル崩壊以後はほとんど聞きませんが、以前は当たり前に行われていました。

社員に株を持たせるのも、同じような意味合いがあります。これを大々的に行ったのが２０１０年に相互会社から株式会社に転換した第一生命ホールディングス（８７５０）です。

相互会社では、保険の契約者は社員という位置づけになります。それを株式会社に転換し、払い込み金額に応じて株または現金を配ったのです。当時の契約者は約８２１万人で、このうち約１５０万人が株主になりました。

これで当時、第一生命は日本で最大株主を抱える株式会社になりました。当時私は野村證券に勤めていて、株主がいっきに増えたことで特需が起きたのを強く覚えています。

「契約者＝株主」としていく。これも面白いやり方だと思います。

また石井食品の場合、先に紹介したように、取引先や生産者、消費者を株主にすることで、それぞれの声を吸い上げ、商品戦略に生かしていました。ただの取引先、生産者、消費者でなく、それぞれが株主であることで言葉の重みも違ってきます。

株主であれば、石井食品の発展は重要事になります。そこから納入業者なら、いい商品を納品しようという動機が働きます。変な商品を収め、石井食品の業績が悪化すれば、自分のところに跳ね返る可能性もあるからです。

よい意味での緊張感が生じます。そこがふつうの取引とは違います。もちろん業績がよくなれば、配当が増えるといった形で還元される場合もあるのです。

一方、社員を株主にするのも同じような効果が期待できます。ただし社員の場合リスクも少なくありません。ある会社で、社長が自分の持っている株を社員全員に無償で配布したときです。社長としては、自分たちの仕事が株価や資本市場につながっている感覚を社員に持ってほしい、という思いがあったそうです。

ところが社員たちは「こんなによくしてくれるなら、社長についていけばいい」となり、自分の頭で考えなくなるという弊害もあったそうです。待遇をよくしすぎるのも考えもので、株をもらった喜びが業績アップではなく、社長への依存を強める方向に向かってしまったのです。

その意味では自分で身銭を切ることが大事です。給料から天引きする形で自社株を購入できる会社もありますが、社員のモチベーション向上にはこちらのほうが効果的かもしれません。

もう1つ、社員に株を持たせるケースとして、ストックオプションがあります。社員が自社株を一定額で買える権利がストックオプションですが、私が在籍していた野村證券では一時期、発行価格1円のストックオプションを社員に配ったことがあります。

2008年に破綻したリーマン・ブラザーズの日本法人を野村證券が継承したときの話です。これにより野村證券は、平均年収数千万円の人たちを引き受けることになりました。そこで野村證券ではこのようなストックオプションを配ったようです。

元リーマン・ブラザーズの人たちは野村證券に愛着などないので、売却できる時期が来たら多くが株を売ってしまいました。当時の野村證券の株価は1株300円程度だったので、売れば必ず儲かります。「さっさと売ってしまえ」という感覚でしょう。渡す相手によってストックオプションは、そういうデメリットが生じてしまいます。

もちろん株価の上昇が自分の仕事ぶりに連動するという意識を持たせ、仕事に取り組ませることができれば、ストックオプションはよい方向に行きます。大企業は自分の働きと株価が結びつきにくいので、ベンチャーのほうが効果は出やすいでしょう。

実際ベンチャーには、上場前から社員にストックオプションを与えるところも少なくありません。複眼経営塾の塾生にも経験者が何人かいます。会社が上場し、ストックオプションを使って2000万円を手に入れたので、株の勉強に来たといった人たちです。

ただベンチャーのストックオプションも、上場したら株を売って会社を辞めるのが目的になる人もいます。そのあたりはやはり、さじ加減が難しいように思います。

§「ファン＝株主」の関係をつくる

そう考えると会社として望ましいのは、やはり会社を応援してくれる株主を増やすことでしょう。そのためには、まずファンを増やす。それがあって初めて、株主と会社のよい関係が生まれます。そんな消費者や取引先を増やし、そのうえで株主になってもらうという順番ではないでしょうか。

複眼経済塾が目指すのも、究極的にはそのような株式投資です。会社四季報などで応援したい会社を探し、株主総会で実際に社長や会社に接し、応援するかどうかを決める。

日本には上場企業が約3900社ありますが、私やこの本にも登場する小笹はじめ塾の経営陣が参加した株主総会の数は300社以上にのぼります。さらには塾生も続々と総会に参加し質問をする「総会デビュー」を果たしています。これらの情報を共有しながら、応援したい会社を探しています。

塾生の数は1200人いますが、基本的には全員個人投資家で、上を見れば数十億円も株式投資をしている方もいます。彼らにその会社の魅力を伝え、ファンとして株主になってもらう。たとえば石井食品なら「無添加調理」「地域食材を使用」に魅力を感じるような人たちです。仮に1200人のうち1割が株主になるだけでも、とくに中小型株では大きな存在感になります。

このような人たちが増えれば、儲けることだけが目的の株主の存在感は薄れ、会社の安定経営にもつながります。これは会社のファンである株主にとっても、嬉しいことです。まさに株主と会社がWin-Winの関係になります。複眼経済塾はそのための一助になりたいと考えています。

【著者略歴】

渡部清二（わたなべ・せいじ）

1967年生まれ。1990年筑波大学第三学群基礎工学類変換工学卒業後、野村證券入社。個人投資家向け資産コンサルティングに10年、機関投資家向け日本株セールスに12年携わりました。 野村證券本店在籍時より、『会社四季報』を1ページ目から最後のページまで読む「四季報徹底読破」を開始。2014年の独立後も25年以上継続中で、2022年10月1日には四季報100冊読破記念月例会を日本の株式取引発祥の地、日本橋兜町ホールで開催しました。テレビ・ラジオなどの投資番組に出演多数。「会社四季報オンライン」でコラム「四季報読破邁進中」を連載。『インベスターZ』の作者、三田紀房氏の公式サイトでは「世界一『四季報』を愛する男」と紹介されました。『会社四季報の達人が全力で選んだ 10倍・100倍になる！超優良株ベスト30』（SBクリエイティブ）、『四季報を100冊読んでわかった投資の極意』（ビジネス社）、『会社四季報の達人が教える10倍株・100倍株の探し方』（東洋経済新報社）、長期投資家のレジェンド、さわかみ投信創業者澤上篤人さんとの共著『本物の長期投資でいこう！』（かや書房）など著書多数です。

〈所属団体・資格〉

公益社団法人日本証券アナリスト協会検定会員
日本ファイナンシャル・プランナーズ協会認定AFP
国際テクニカルアナリスト連盟認定テクニカルアナリスト
神社検定2級、日本酒検定準1級、大型自動車免許

複眼経済塾（ふくがんけいざいじゅく）

複眼経済塾は、「わかりやすく、楽しく、真面目に」投資の方法を教える投資・ビジネスの教習所です。全国に1273名（2023年4月1日時点）の塾生が在籍しています。渡部清二塾長とトルコ出身の人気国際エコノミスト、エミン・ユルマズ塾頭の指導を直接受けられるのは複眼経済塾だけです。複眼経済塾は、日本株に注目し、座学の講義やワークショップだけでなく、全国で開かれる会社の株主総会、工場、研究所、産業遺産を回り、日本企業や日本の魅力について、五感を駆使して学びます。初心者からベテランまで塾生同士の自主勉強会や交流も盛んで、話題も豊富になります。

※複眼経済塾は、3月、6月、9月、12月の年４回、
塾生を募集しています。

https://www.millioneyes.jp/

〈編集協力〉今井順子
小笹俊一（複眼経済塾メディア局長）

株主総会を楽しみ、日本株ブームに乗る方法

2023年8月1日　第1刷発行

著　者　渡部清二　複眼経済塾
発行者　唐津 隆
発行所　株式会社ビジネス社
〒162-0805　東京都新宿区矢来町114番地 神楽坂高橋ビル5階
電話　03(5227)1602　FAX　03(5227)1603
https://www.business-sha.co.jp

〈装幀〉中村 聡
〈本文組版〉有限会社メディアネット
〈印刷・製本〉大日本印刷株式会社
〈営業担当〉山口健志
〈編集担当〉中澤直樹

ISBN978-4-8284-2530-6